JN079813

文学者による新教育論

トルストイ・タゴール・石川啄木・壺井栄

貴島正秋
KIJIMA Masaaki

文芸社

まえがきにかえて

現在の日本の政治的現状を憂慮する

二〇二三（令和五）年四月二四日朝日新聞夕刊の「世界の軍事費三〇〇兆円、過去最高、特に日本も前年比五・九％増の約六兆円で、一九六〇年以降最高水準となった」という記事、及び同年五月一二日同紙の朝刊「被爆国から二〇二三・広島・長崎は問う」の記事、及び米タイムス誌（電子版）の「日本の選択」と題しての中で「岸田氏は数十年にわたる平和主義を放棄し、日本を真の軍事大国にしたいと望んでいる」との記事。さらに米国に後押しされ、「世界第三位の経済大国を、それに見合うだけの軍事的影響力のある大国に戻そうとしている」、さらには「日本の防衛力の増強が地域の安全保障状況を悪化させかねない、『核兵器のない世界』を目指す岸田氏の理想とは相いれない」という記事があった。

この岸田氏は、我が国は唯一の被爆国であるにもかかわらず、「核兵器禁止条約」に核兵器を保有している国はどこも署名・批准していないので、我が日本も署名・批准する意志はないと言っている（どこかの国に忖度してかのことはわからないが）。岸田氏は戦後生まれであるとはいえ、日本は唯一の被爆国であるという意味を口では理解していると言っているが、本当に心から理解しているかは疑心暗鬼にならざるを得ない。岸田氏は広島選出の国会議員であり、これまで「核兵器のない世界」をと訴えてはいるが、軍縮会議の一つでも自ら開催し、アメリカやロシア、インド、中国、その他核兵器保有国を招集して、核に関する会議の席を設けて「橋渡し役」をするという気持ちが全く見受けられない。

しかも主要七カ国首脳会議（G7サミット）は開催したが、これも私には選挙対策として大きなアドバルーンを打ち上げているとしか見えず、要するに安っぽい茶番劇としか思えないのだ。この会議に核兵器保有国を巻き込むという外交的な手腕、要するに「橋渡し役」に徹して、その才を発揮することができなければ、唯一の被爆国、広島出身とは死んでも口にしてほしくない。広島・長崎の人々は悲しむだけで、涙一つ出ないだろう。

要するに岸田氏は全く外交的手腕を発揮できていないのだ。つまり核保有国間の核全面否定を断言させるような、平和構築に向けての論議もなく、軍事的な支援の強化のみが議論されたのだった。外交的・平和的な話し合い（但し、ある国はそのテーブルに着くことを拒否し、力による統治・支配することを正当化しているが）によって、全世界の人々が安全で平和に生活できるように、つまり世界平和を構築するという姿勢がこのサミットでは全く見ることができなかった。

岸田氏は自分の保身か、あるいは人気取りのために、被爆地（自分は広島出身であるというが）広島をその舞台として利用したとしか思えない。もしそうであれば、岸田氏の犯した罪（広島を侮辱した）は重いのではないか。岸田氏は自己満足に浸っているのか、また政権を担っている党の議員たちも、岸田氏に忖度してかこのサミットの成果を高く評価している。また参加者の原爆資料館の見学時間が長時間（例えばオバマ大統領の時よりも四倍であった）にわたったといわれているが、何も時間の問題ではなく、どのような内容であったかが重要である。どのような内容であったかに関して何一つ岸田氏は公表していない（岸田氏はどこかの国に忖度してのことかは不明である）。

さらにサミット参加国の中にはウクライナに兵器の援助をしている国もあるが、日本は殺傷能力の低いものを供与しようとしている。しかし如何に殺傷能力の低いものであれ、ウクライナに敵対する国からすればそれを武器（兵器）と見なし、日本はウクライナに協力していると認識するのではないか。これは私自身の考えではあるが、この対立国ロシアは太平洋戦争中に日ソ中立条約（一九四一〈昭和一六〉年四月一三日）を締結していたにもかかわらず、一九四五（昭和二〇）年四月、日本に条約破棄を通告、同年八月日本に宣戦布告し満州に侵入した。そして日本兵を捕虜にして残虐な行為（非人間的な取り扱い）を行った国である（但し、このことは当時のこの国の国民に十分に知らされていたかどうかは私に確かめる手段はない）。したがって日本が殺傷能力の低いものを供与するということは、対立国は日本は自分たちの敵と見なすのではないか。そして彼らは何時か日本に侵攻してくるのではないか。またロシアと同じように、アメリカを敵国と見なしている国々が、日本に対して戦争を仕掛けてくるのではないか、という不安にさいなまれているのは私だけだろうか。

「世界同朋主義」的な世界観は、地球上に生きる人間の脳裡から次第に薄れていくのではないだろうか。つまり軍事力による世界覇権主義が横行し、最終的には軍事力最強の国が人間の運命を左右し、世界を統治・支配し、弱い国は強い国の属国になり下がり、国の独立性、自主性、即ち国の主権は消滅するのではなかろうか。

岸田氏は忠君愛国の教育規範を確立し、昭和二〇年八月までその支柱となった、明治二三年発布の「教育ニ関スル勅語」の「一旦緩急アレハ義勇公ニ奉シ以テ天壌無窮ノ皇運ヲ扶翼スヘシ」という一文において、若き学徒を戦争に駆り出し、如何に多くの若い命を奪ったかを忘れてはいないだろうか。しかも昭和二三年の衆議院で「教育勅語等排除に関する決議」、参議院で「教育勅語等の失効確認に関する決議」がなされたが、現在の与党の中には勅語も良いところがあると賛成し、賛同する者が存在しているのだ。広島市長はこの「教育ニ関スル勅語」の教育政策の結果、「原子爆弾」投下という人類史上最大の悲劇をこうむったにもかかわらず、「教育ニ関スル勅語」にもよいところがあるとして、市の研修会において、これを引用している。この市長は広島（または長崎）の惨事に目をつぶっているのか、あるいは戦争の悲劇に目を向ける意思がないのか、私には全く理解できない。この市長は広島市民（または日本国民）を冒瀆していることを自覚しているのか。もしこの市長が戦前の教育を受けておれば当然の帰結であるが、そうでなければこの市長の広島市民に対する裏切り行為は決して許すことはできないと私は思う。要するにこの「教育ニ関スル勅語」に固執することは、何としても「教育」を国家統制の下に置こうとしているとしか思えない（第二次大戦中の教育を見れば一目瞭然である）。日本国憲法が保障している「学問の自由」はどこにあるのか。

岸田氏は「教育」の重要性を国民の前で公言しているが、彼の言う「教育」とはどのような「教育」であろうか。戦前のような国家統制の下でのような教育ではないのか、との感を拭い去ることができない。

大学（関西学院、芦屋大学、神戸芸術工科大学）で四十数年教育関係の講義を行ってきた。研究の中心課題としては「世界平和」の確立を求めて、戦争によって勝利を獲得するよりも平和的交渉によって独立を獲得した祖国解放の父、チェコスロバキア（現在のチェコ共和国）の祖国解放に一生涯を捧げた初代大統領マサリックと、ユネスコの思想の源流で、マサリックの思想的なバックボーン――チェコの宗教者であり、モラヴィア同胞教団の最後のビショップ、教育者、教育改革者でもあるヨハン・アモス・コメニウス（Johann Amos Comenius〈Komennský〉一五九二―一六七〇）についての研究を続けてきた。近代教育学の父と称されるコメニウスは、世界平和樹立は人間教育以外如何なる手段もないと考えていた。

コメニウスは宗教改革をめぐって、一六一八―一六四八年に争われた「三十年戦争」の犠牲者でもあった。自分の家族（妻と二人の子ども）を失い、自分の原稿の一切を失っている。そのためもあり、彼は戦争よりも教育による「平和」樹立に邁進したのである。その具体的な例は、一九九三年にチェコスロバキアがチェコ共和国とスロバキア共和国に分裂する際に、二つの共和国が対立関係、戦争状態に陥ることなく、調和的・同胞的・平和的に独立できたのは、当時の大統領（しかもこの大統領〈ヴァーツラフ・ハヴェル〉はチェコスロバキアの大統領であったが、分裂後はスロバキアの大統領に就任している）よりも初代大統領マサリック（彼自身コメニウスの研究者であった）によるコメニウスの思想がチェコスロバキアの全民衆の心に浸透していたからではないか。

それに反して岸田氏は、教育による平和樹立よりも戦争による覇権主義に猪突猛進しようとしているのか。

コメニウスは祖国を追われ、二度と祖国の地に足を踏み入れることなく、オランダのアムステルダムで生涯を終えている。約三八〇前の一六四二年にコメニウスがイギリスで著した『光の道』（The Way of Light〈Via Lucis〉）において提言しているようなことは、現代の日本の政治状況と相反するものではないか。

コメニウスはこの『光の道』において（1）光のカレッジ、（2）平和のディカステリー、（3）普遍的な教会会議の必要性を訴えている。

（1）光のカレッジは、人類の教師と言われる学者、哲学者が集う。このカレッジは世界の発光体、人類の教師と特徴づけられる。この光のカレッジの機能の一つは、すべての民族間に「知の光」を普及させるために新しい学校を開校し、整備し、教育方法を改善し、新しい普遍的な言語を作成すること。この活動は平和のディカステリーと普遍的な教会会議の活動を調和させることである。

（2）平和のディカステリーは、すべての国家と世界の王国の政治的なリーダーや統治者によって構成され、法廷のようなもの（現在の国際連合。しかしこの国際連合も十分にその機能を果たしているとは言えないのではないか。例えばロシアのウクライナへの侵攻に対して何一つ有効的な解決策を打ち出せずにいる）であり、それは『平和の長』と呼ばれ、彼等は地上での神の擁護者、地球の盾であり、これは人類共通の幸福、地球の元老院、キリストのための法廷を構成する。このディカステリーの機能の一つは世界政治を管理し、平和の促進、民族間・国家間の紛争の解決、戦争の挑発の阻止、軍備増強の阻止、世界法廷の管理であり、平和のディカステリーの活動を光のカレッジ、そして普遍的な教会会議のそれと調和させることである。

但し、今日の日本政府は国を守るためと言って軍備増強を促進し、戦争武器の調達に邁進し、むしろ盲目的に猪突猛進している感がして、何一つ平和的な外交の道を見出そうとする気配が見られない。ここに日本の外交的な手腕のなさというよりも、外交的な未熟さ、下手さが顕著に現れている。

（3）普遍的な教会会議はすべてのキリスト教徒の代表者から構成される（コメニウス自身モラヴィア同胞教団牧師であったので、キリスト教徒という語を使用している）。これは「世界の光」として特徴づけられ、教会会議のメンバーは「地の塩」「地のリーダー」と呼ばれる。この普遍的な教会会議の機能の一つは宗教的な論争の解決、貧しい人々の世話・保護であり、普遍的な教会会議の活動を光のカレッジと平和のディカステリーのそれに調和させることであると考えられる（この教会会議は現在の世界宗教会議に似ているものである)。

要するに、コメニウスは三十年戦争によって何一つ民族間の対立や人間不信を取り除くこと、解消することはできないと実感したのだ。即ち、当時の混乱した、精神的に錯乱状態にあった社会において、同時代の社会の悪を見極め、すべての社会層における悲惨さ、人間の相互不信、及び人類共通の利に対する関心の欠如、自分の利のみに関心を払う(ルソーの言う自我愛に燃えて、他人のことには全く無関心であった)——人間は自分の最高の能力の発達に怠慢で、一般に唯物論的立場に立っていた。このような状況、つまり暗黒時代においても、未開発(発達途上国)の地を含め、世界のあらゆる地に適用することができる「教育」を強調した。この「教育」は地球上のすべての人類が現実に、聡明に、有徳に本分を守り、敬虔になることによって真の人間になるようにデザインされている(この考えはコメニウスの代表的な著書『大教授学』〈Didactica Magna〉の大前提である)。

光のカレッジは世界中に普及した教育を監視することに加えて、人間を改善するための普遍的な言語と活動リサーチを展開し、平和のディカステリーは民族間の紛争を解決するために世界の政治の代表者から構成され、軍備の増強を抑え、普遍的な平和を促進し、さらには宗教的なグループ間の関係を調和するために世界の教会会議を開催し、世界同胞観を築き上げるという精神が世界のすべての人間に普遍的に沁み透るという、全改革への努力が要求される。

コメニウスはすべての民族間に「知の光」を普及させることを『光の道』で強調しているが、日本政府にこの知の光を普及させる具体的な手段を構築する気概は少しも垣間見ることはできない。例えば教科書問題についても、日和見主義的な感を拭い去ることはできない。さらに世界平和の促進、民族間・国家間の紛争解決、戦争勃発や軍備増強の防止、世界法廷（国際司法裁判所）の管理、どれ一つとってみても、コメニウスの考えと一致するものは見受けられない。

日本は紛争地に自衛隊を派遣して（どこかの国に忖度してのことなのか）、後方支援という形をとってはいるが、その紛争の相手国にとっては何ら後方支援とは見えず、戦争参加者と見なしているのではないか。日本政府は日本が軍事費を増強するのは国を守るためと言っているが、それは日本側（特に政権を握っている政党）の考え方であって、もし戦争が勃発したならば日本は混乱の極みに陥り、日本国民は奈落の底に落とされる。要するに日本は相手国にとっては兵器を持っている国であり、脅威の的である。

第二次世界大戦中には、日本は神の国であり決して戦争に負けることはないと、小学生から大学生まで「教育ニ関スル勅語」に基づく戦時教育を行い、数多くの若者を戦場に送り込んだのだ。こうした犠牲を払った経験があるにもかかわらず、再びこの惨事を招こうとしているのではないか、と恐れているのは私だけだろうか。

国により教育が左右された一例に、太平洋戦争の負の遺産としての「奉安殿・奉安庫」の設置がある。これは「教育ニ関スル勅語」の謄本と天皇・皇后両陛下の御真影を保管するものである。この設置を拒否したならば、公立の学校は別として、私立学校に対しては国体明徴教育を推進するために、授業料値上げを認めず、あるいは今後何一つとして助成しないという威圧的な態度で臨んだ。この「奉安殿・奉安庫」の廃止は一九四五（昭和二〇）年、連合国最高司令部（ＧＨＱ）の出した四つの指令のうちの一つ、同年一二月一五日の「国家神道、神社神道ニ対スル政府ノ保証、支援、保全、監督並ニ弘布ノ廃止ニ関スル件」により指令された。何故ならばこれは国家神道・神社神道の思想及び信仰が軍国主義及び極端な国家主義的思想を鼓舞し、日本国民を戦争に誘導するのに大きく利用されたとの見地から、神道による「教育」を学校から排除する指令であった。

これ以外にも戦前、即ち一九二五（大正一四）年の「陸軍現役将校学校配属令」による、中学校以上に現役将校を配属した苦い経験があるにもかかわらず、太平洋戦争において再び同じ過ちを犯している。当時の中学校は財政上困窮に瀕していた。陸軍省は学校がこの困窮状態を脱するのに「補助金」を出すことをちらつかせた。要するに、学校は背に腹はかえられず、特に教員の給料の未払いを回避し、教育環境を改善して、十分な学校教育

（授業）が行われるようにしたかったので、もし学校がこの配属令を受け入れなかったならば補助金が配布されなかったのだ。そのために学校はこの配属令を受けざるを得なかった。しかもこの陸軍現役将校は子どもの教育について何一つ教育を受けておらず、全く子どもの教育には無関心であり、また教育によって子どもを善なる人間に教育するという使命感などさらさら持ち合わせていなくて、ただ子どもの身体的な教練、要するに戦争遂行に耐えうる者の育成にだけ関心があったのだ。

以上のように過去の苦い経験があるにもかかわらず、日本は、特に政権を担っている者がどれだけこの苦い経験を自覚しているか不安である。特に政権を担う者の大部分が戦後生まれであり、戦争体験が一切ないので致し方ない面もある（頭ではわかっているが）。しかしトップの岸田氏が、米タイムス誌が報じるように「数十年にわたる平和主義を放棄し、日本を真の軍事大国にしたい」と望んでいるようである。これでは日本の平和・安全な状況は到底望むことはできない。もう一度原点に戻り、「教育」による真なる人間形成を図り、未来永劫、平和で安全な日本が存続することを切望する。

目次

まえがきにかえて　現在の日本の政治的現状を憂慮する　3

トルストイと新教育　――ヤスナヤ・ポリヤーナの教育実践――　19

Ⅰ　生涯　21
Ⅱ　第一回目の学校　23
Ⅲ　第二回目の学校　24
Ⅳ　第三回目の学校及び終焉　38

タゴールの教育思想　――――　43

Ⅰ　生涯　45
Ⅱ　家庭教育と学校生活　51
Ⅲ　教育の問題　62

1 当時の教師 70
2 当時の親のあり方 72
3 教育の混乱 ―タゴールの時代の教育の現状― 74
Ⅳ サンチニケタンの学園 80
Ⅴ タゴールの海外旅行を通して 89

日本の新教育運動の嚆矢としての石川啄木 ― 95

Ⅰ 序 97
Ⅱ 教育への憧憬 98
Ⅲ 渋民の気質 108
Ⅳ 教職に就く 110
1 岩手郡渋民尋常高等小学校赴任 110
2 岩手郡渋民尋常高等小学校（一学期・明治三九年） 114
3 岩手郡渋民尋常高等小学校（二学期） 117
4 岩手郡渋民尋常高等小学校（三学期） 125

5 岩手郡渋民尋常高等小学校（三学期の冬休み） 129
6 岩手郡渋民尋常高等小学校（一学期・明治四〇年） 132
7 北海道函館時代（函館区立弥生尋常小学校） 135
8 函館大火事 139

壺井栄の『二十四の瞳』に見る教育の恐怖と悲劇―― 145

序 147
Ⅰ 『二十四の瞳』の内容 148
1 戦争前（一年生から三年生まで） 148
2 戦争前（四年生から六年生まで） 166
3 戦争前（昭和一六年一二月八日まで） 182
4 戦争中（昭和二〇年八月一五日まで） 191
5 終戦後 201
6 同窓会（悲しき再会と教育の悲劇） 210
Ⅱ 学童疎開再考 ――二度と繰り返してはならない 220

学童疎開の記録　223

III　戦争の負の遺産 ——奉安殿・奉安庫　225

1 序　225

2 戦前・戦後の神戸の社会と教育　228

3 戦時下における教師　230

4 学校の奉安殿・奉安庫　231

関西学院大学　231

龍谷大学　234

あとがきにかえて　237

参考文献　239

トルストイと新教育

——ヤスナヤ・ポリヤーナの教育実践

（『トルストイ』
国立国会図書館デジタルコレクション）

〈生没年〉
一八二八年九月九日〜一九一〇年十一月二十日
〈主な作品〉
『幼年時代』『戦争と平和』『アンナ・カレーニナ』『復活』
『イワンのばか』など

I　生涯

トルストイは一八二八年、父（ニコライ：三四歳）と母（マリヤ：三七歳）の四男としてツーラ県のヤスナヤ・ポリヤーナに誕生した（ヤスナヤ・ポリヤーナとは「森の中の明るい空き地」の意）。母マリヤはトルストイが後一カ月で二歳になるという時、産後の肥立ちが悪く一八三〇年死亡。父ニコライは一八三七年、トルストイ九歳の時に死亡。トルストイ家は一八三七年にモスクワに移住。当時初等教育システムがなかったので、トルストイ自身にはドイツ語しか話せないドイツ人の家庭教師が就いた。トルストイはこの教師を何の能力もない、ただトルストイ家の寄生虫にすぎない憐れな者とか、自分の思い通りになる使用人としか見なさず、決して資格のある一人の教師とは認めなかった。トルストイ家には一二人の住み込みと通いの家庭教師がいたが、トルストイは強制的な教育を強いられ、敵のように彼らを憎んだ。この家庭教師は人間としての尊厳のない、真の教師的使命を持たない、つまりは強制的にしか教えることのできない者であった。ここに真の教える・学ぶの関係は決して生じなかった。

トルストイのこの経験は、後に強制的な教育を忌み嫌い、どこまでも自由な教育に真の情熱を注ぐ起因になっている。トルストイは一八四四年にカザン大学に入学、一八四七年に財産分与が決定して自立の道が開かれ、物質的・社会的基盤も整ったが、成績不振と体調不良とが重なって落第生の汚名を負いそうだったので、一八四七年に大学を退学。ヤスナヤ・ポリヤーナに戻ったが、農地改革に素人であったので、経営は頓挫。その後モスクワに出て自堕落な生活に耽り、巨額の借金をこしらえ、一八四九年にはペテルブルグに移り、官職に就くために、ペテルブルク大学に大学卒業資格試験の願書を提出したが、資格取得できず、ヤスナヤ・ポリヤーナに再び戻った。

Ⅱ　第一回目の学校

一八四九年の秋、トルストイはヤスナヤ・ポリヤーナに農民のための小規模な学校を開設する。この学校はトルストイの金持ちの遊び感覚、殿様気分で開設したもので、教育に対しては余り情熱を注いではいなかった。すぐに閉鎖に追い込まれた。

その後トルストイは一八五〇―一八五一年に再びモスクワに出て、性懲りもなく、遊びほうけ、精神的にも、肉体的にも一生取り返しのつかない深い傷を心に負う。一八五六年農奴制度廃止で、トルストイもヤスナヤ・ポリヤーナの農民に解放案提示、この提案は農民の感情を逆なでするものだったので、トルストイの提案は拒否される。一八五七年にはパリ・スイス旅行、翌年農民を粘り強く説得し、新しい農業経営を提案して農民の解放に成功する。一八五九年、農業経営は悪化し農民との関係はぎくしゃくしたが、農民に土地を自由に使用させ、関係の改善をはかり、その手段として、文字を知らない農民の子弟を啓蒙し、新しい時代に備えるために農民の子どもを対象にした「学校」を開設することを考えた。

Ⅲ　第二回目の学校

トルストイは学校を一八五九年一〇月か一一月、前回（一八四九年）と同じように秋に開設している（校舎はトルストイの屋敷の一部屋を教室として使用）。何故に「学校」を秋に開校したのか。当時のロシアも日本と同じように農繁期が終わるまで農民の子どもは重要な労働の担い手で、それぞれの体力に応じて、一人の子どもとしてではなく、一人の小さい大人として農作業に従事することを強いられていたのだ。日本においても一八七二年（明治五年）の「学制」公布で「小学校」が開設されたが、七〇％近くが農民であり、彼らは今まで「学校」に通う習慣がなかった。農家では子どもが「学校」に通うことによって労働力を奪われる危機感があったため就学率はあがらなかった。トルストイも農繁期に「学校」を開設しても、子どもが通ってくれるという保証はどこにもなかったが、「秋」に学校を開設した。

開校日の朝八時、まだ日が昇っておらず、あたりは暗がりであったが、トルストイは屋敷の前に吊るされた鐘を打ち鳴らした。トルストイ自身どれほどの子どもが登校してくれるのか不安と期待で一杯であった。トルストイの心配と不安を吹き飛ばす、二〇人ほどの子どもが集まった。この二〇人の子どもの中には二、三人の女の子も混じっていた。当時上流階級においては女子教育に無関心であったにもかかわらずだ。しかし集まった子どもは今まで全く「学校」教育を受けた経験がなかった。トルストイはこの子どもたちを「教室」に導き入れたが、子どもたちは教室でどのように処したらよいか全くわからず、ある者は机の前に腰を下ろして静かにしており、ある者は床にしゃがみこんだり、ある者は立ったまましゃべったり、いたずらをしている者もいた。椅子に座って静かに待つという習慣が身についていなかったのだ。

トルストイはこの状況に少しもあわてることもなく、子どもを前にして「おはよう」と挨拶し、出席をとって、「明日から勉強をはじめよう」と言っただけで初日の授業終了。一人の子どもが「家で何を勉強したらよいのですか」と問うたので、トルストイは「勉強は学校でするものだよ。家ではお父さん、お母さんのお手伝いをよくしなさい。また明日学校に来るんだよ」と答えている。初日に登校してくれた子どもが明日も登校してくれるかどうかは不安であったが、二日目には初日に来た子どもは全員登校してくれた上に、二日目には新しい子どもも登校してくれたので少し安堵した。

初日「おはよう」と挨拶し、出席を取っただけで子どもを帰宅させているので、子どもは何一つ（たぶん筆記道具さえも）持たず登校しているので、教科書を使った授業は不可能であった。教科書的なものは何一つ使用せず、普段話している言葉をアルファベット順に教え、正しい発音を教えている。トルストイはソクラテス的な考え、つまり書物に書かれている文字は死んだものなので、ソクラテスが自分の口から直接話すことによって教えたように、生きた言葉で、対話形式を採ったのではないか。トルストイ自身の口から生きた言葉で伝える教え方によって子どもは勉強意欲に燃えて、海綿が水を吸うが如く、目を輝かせて、時間の経過も忘れて学習に集中していた。

この二日目の授業は午前八時頃から始まり、昼まで休憩なしに連続して、現代のような時間割のない授業が行われた。トルストイ自身興に乗れば同じ科目の授業を続けていた。昼になると給食的なものはなかったので、各自昼食を摂りに自宅に戻った（約三時間）。再び学校に全員が戻ったかは不明である。日本においても「寺子屋」において午前中の授業後、昼食を食べに自宅に戻ったが、半分ぐらいの子どもしか寺子屋に戻らず、子どもは農作業に駆り出されていた。たぶんヤスナヤ・ポリヤーナの学校も同じではなかったか。トルストイはこの二日間は、約三〇年（トルストイ三一歳）の人生のうちで今まで経験したことのない高揚感を感じた反面、子どもを目の前にして、これは子どもの真の学習意欲の現れであると、自分勝手に思い込んでいるのではないかと半信半疑の気持ちに襲われている。

数ヶ月子どものために全身全霊をもって授業に取り組んだので、子どもはトルストイの気持ちを体全体で感じ取り、ヤスナヤ・ポリヤーナの子どもは知的に目ざましい進歩をとげた。長年にわたって読み書きや計算とは無縁であった農村の子どもが、都会の貴族の子どもに負けず劣らずすばらしい能力を発揮したのだった。たぶんトルストイはソクラテスが子どもにはすばらしい潜在力が潜んでいて、子どもはできると信じたように、ヤスナヤ・ポリヤーナの子どもにもすばらしい潜在力が潜んでいる、つまりすばらしい素質を持って生まれているので、この素質を生かすも殺すも教育次第、しかも正しい教育方法を用いれば、それはすばらしく輝きだすのではないかと考えたのだ。トルストイはこの潜在力は遺伝によっては子どもに伝わらないことを確信し、表に出る知的成果は「教育」によって決まるのではないかと考えた。特に子どもの潜在的知的能力はすべてに平等に備わっていると信じ、この潜在的知的能力を発揮させるのは「子どもが誕生後受ける教育」に左右されることを確信した。

トルストイの学校は「教」よりもむしろ「育」の方に重点がおかれ、子どもが教育の主体であり、教師は客体にすぎず、子どもの自由が尊重された。トルストイは子どもの「育つ」力を信じたのだ。しかし古い教育観においては子どもは何も知らないので、教師が子どもに何かを詰め込んで一人前の人間にしてやる、つまり子どもは何も知らない、それに反し大人は何もかも知っているという考えが根にあった。しかしトルストイは子どもは半人前の人間であっても、子どもは子どもなりに優れた素質を潜在的に持っていると子どもを信頼して、子どもの個性・尊厳を尊重している。

したがってこの学校においてはトルストイが教室に入って来ても、勉強したくない子どもが騒いでいても、寝転がっていても、外で遊んでいても一向にかまわず、勉強したい者だけがトルストイから手製の教材を受け取って授業を受けた。それを見た子どもは騒いだり、寝転がったり、外で遊ぶのをやめて、教室に戻り椅子にきちんと座り、全員が教材をもらって授業に参加した。要するに子どもは少しでもよりよい人間になりたいと考えるのは、子どもの「基本的に自然な欲求」であるという信念に基づいているが、子どもに好き放題させるのではなく、子どもの要求に適うように、子どもの欲することを教え、欲することを子どもに選択させるという自由を持たせたのだ。ここにトルストイ自身の幼いときの教育、つまり強制的な、画一的な教育のトラウマが見え隠れする。

この学校にも一定の時間割はあったが、これは全くなきに等しく、トルストイは興が乗り、子ども自身の気持ちの高まりを読み取って、予定の一時間が二時間どころか三時間に延びることもしばしばあった。これほどトルストイは「教えること」「子どもと一緒に学ぶこと」に望外の喜びを覚え、たぶんトルストイはペスタロッチの『シュタンツだより』で述べられているように、トルストイの目には子どもの姿が、子どもの目にはトルストイの姿が映り、教室の中にはトルストイと子どもの世界しか存在しなかったので、トルストイも子どもも時間を忘れるほど授業に没頭したのではないか。

この学校は午前中は八時から四時間というのが原則であったが、これも一定ではなく、午前中の授業が二、三時間で終わることもあり、午後の最初の授業は「教会史」か「ロシア史」で、その後に「唱歌」があったり、「教科外」の読書やお話になることが多く、堅苦しい授業はなく、現代的な意味での総合的な学習の時間があったのではないか。「教科外」というからにはこの学校にも「教科」はあった。つまり学校開設許可を取るためには教科目を一応設定しなければならなかったので、この学校にも読み方、筆記、書き方、文法、聖書、ロシア史、図画、製図、唱歌、数学、自然科学、神学（教会史）という一二科目が設定されている。

子どもの帰宅時間もバラバラで、時には全員が早く帰宅することも自由であったり、晩の八時か九時まで授業を受けたり、学校に泊まり込む者もいた（石川啄木〈一八八六―一九一二〉はトルストイの「ヤスナヤ・ポリヤーナ」の学校を既知していたので、渋民村の小学校での代用教員として同じような授業形態をとっている。啄木もトルストイと同じように専門の教師教育を受けての正式な教師ではなかったので、最初は警戒された）。この学校でははじめ一切の試験は行われなかったので、点数制とは全く無関係であった。子どもは、しかし、やはり自分がどれくらいできたのかを知れば、つまり点数がわかれば、それだけではないが、やはり次にはそれ以上の点数を取りたいと勉強に身が入ることをトルストイは知って、「五段階評価」（一、二、三、四、五なのか、非常に良い、良い、普通、少し努力を要する、悪いという五段階なのか、その他のものなのかは不明）がとられている。

この学校においては「体罰」は厳禁であった。トルストイは子どもを鞭でぶつ指導は過去のものであると考えていたので、親の中には厳しくやってほしいとか、遠慮なくひっぱたいてくださいと言う者もいたが、子どもは神の賜物であるとして、どんなことがあっても子どもを叩くことはなかった。この学校は宗教的には何一つとして束縛されるものはなかった。しかし学校開設を許可してもらうためには宗教的な教科目が必要であった。トルストイはこの科目は担当せず、教会の聖職者が担当した。

トルストイは正式な教師教育を受けていなかったので、「教師」とはどうあるべきかという自覚は全くなく、全くの体当たりで子どもの教育に当たった。子どもはトルストイの態度を感じ取り、子どもも熱心に勉強に取り組んだ。子どもが学校で一生懸命熱心に勉強する一つの要素としては、「教師自身のあり方」如何によるのではないかと思う。教師がいい加減な態度で、あるいは上の方ばかり、あるいは保護者の目ばかり気にかけて授業に臨めば、子どもはそれを敏感に感じ取り、それに相応して真剣な気持ちで授業に参加しなくなる。子どもを「できない」と言ってその非を責めるのではなく、教師自身の気持ちの入れ方自体が問題である。

子どもが変わる前に、教師が先ず変わらなければならない。教師は自分の知っている方法が最善のものであるとうぬぼれないで、他の方法をたえず知ろうとし、また他の教師のそれを知ろうとして他の教師と親しくなることも必要である。教師はたえず自分で勉強することが必要である。教師は子どもの学業が進まないのは子どもの罪だとか、子どもの怠惰、愚鈍さだと考えるのではなく、ひとえに教師の罪であると固く信じ、教師は子どもの欠陥についてはその救済手段を絶えず探求すべきである。教師と子どもは常に友好的で自然な関係が成立し、この関係においてのみ教師は子どもを完全に理解することができるようになる。その結果子どもは熱心に勉強するようになるはずである。

当時のロシアには「教科書」というものがなかった上に、その「教育方法」も確立されていなかった。例えば、子ども用の読み物、ロシア文法、スラブ語文法・辞典、算術、地理、歴史の本は一つもなく、方法としては強制と厳しい規律のもとそれぞれの教師によって行われていた。そこでトルストイは自分で独自の教科書を作成した。それを使う方法の第一の原則としては強制をしない、つまり子どもの自由を尊重した。トルストイは自身の若いときの経験から、勉強をする際には強制されることをその信念から、また自身の性格から忌避した。強制されて嫌々ながら勉強する子どもを目にするのは嫌であった。強制と厳しい規律のもとでの授業においては、教師と子どもは全く会話することができなかったからだ。

子どもが勉強をする際に、トルストイは強制の度合いが少なければ少ないほどその方法は優れており、それが多ければ多いほどその方法は拙劣であると考えた。子どもに強制することがどうしても必要であるというのは、それは教授法が不完全であることを証明している。つまりトルストイは教師自身が自分の教える学科目に十分に精通していなければいないだけ、またその学科が好きでなければないだけ、教師には厳格さや強制の度合いが強くなり、逆の場合、つまり教師がその学科に通じ、かつ好きであればそれだけ教授法は自然で、自由なものになると考えた。授業がうまく行く方法に必要なのは強制ではなく、生徒の興味を喚起することである。

トルストイは子どもが授業にストレートに入ることのできる独自の方法を編み出している。例えば覚えたばかりの文字をただ丸暗記的に、またオウム返し的に使うのではなく、子どもが楽しくリズム感をもって、日常使用する単語を覚えるようにした。トルストイは教科書の内容や教育方法を構想することに全く時間を惜しまず、子どもが喜んで楽しく勉強する姿を見て、自分は教育の天才と思えて、自分以上にこの仕事に適した者はいないのではないかと自負し、朝から晩まで不眠不休で子どもの教育に係わっている。自分にとっては教育という仕事が「天職」であるのではないかと思っていた。

トルストイの「ヤスナヤ・ポリヤーナ」の学校が名声を博してくると、トルストイの教育活動に対して教育の専門家は冷たい眼差しを向け、トルストイのようなズブの素人が教育という場に突如足を踏み入れ、人気が出てきたことに対するやっかみや羨望が芽生えてきた。

だが学校経営に自信が芽生え始めたトルストイであった。教育の自由は保障されるべきである、学校や教育制度は自由であるべきとして、一八六〇年に文部大臣に手紙を出して「国民教育協会」の設置の必要性を訴えた。教育という仕事は国家権力から切り離して、自主的な民間の機関に委ねるべきであるが、財政的には生徒の授業料や寄付金だけではまかないきれないので、「国家」に依存するものであると訴えた。だが国の考えとしては教育は国家維持の根幹であるので、「教育」はどうしても手元におきたかったから、「国民教育協会」の設置というトルストイの考えは握りつぶされた。

トルストイは一八六〇から六一年にわたり西欧旅行に出かけ、旅行中に教育論文をつくるという構想（具体化したものが一八六一年四～五月の教育雑誌『ヤスナヤ・ポリヤーナ』の発行計画、第一号の発行は一八六二年二月である）を練り、教育論文を書いたり、購入した教育関係の書物を読んだり、教育関係者（例えばフレーベルの関係者と会っているので、フレーベルの著書『人間の教育』『母の歌と愛撫の歌』、さらに教材としての「恩物」などを知ったのではないか）に会っている。さらにこの旅行中に教育関係者以外にはゲルツェン（イギリスにおいて）、プルードン（フランスにおいて）などに会っている。またこの旅行中には、のちにヤスナヤ・ポリヤーナの学校の理科の先生になるドイツ人の青年科学者ケーレルをロシアに連れて帰っている。

　トルストイは四月に故郷に戻り、秋から始まる第三シーズンには学校の評判は高まり、生徒は増えた。トルストイは「ヤスナヤ・ポリヤーナ」のあちこちの村に学校を開設したので、子どもは自分の村に開設された学校に通うことができた。そのためにトルストイ自身が直接経営している学校の生徒数は減少した。しかしトルストイは教室のリフォームを行い、上級生用と下級生用の二教室をつくった。室内は落ち着いたブルーで統一され、三つ目の教室は「標本室」で、明るいピンクで統一され、まわりには棚が取り付けられ、その棚にはトルストイが旅行中に購入した人体模型、蝶、石、植物などの標本、視覚教材、理科（物理）の実験道具、その他の実験用具などが並べられ、トルストイ自慢の一つとして「博物館」と呼ばれた。この教室は日曜日には一般公開された（このことは現在の生涯学習における学校開放の先駆けになっている）。この標本室においては訪れた者（大人も子どもも）の前でケーレルが理科の実験を行っている。

教師用の部屋も二部屋あり、近隣の教会関係者は自分の家から通ったが、それ以外の教師のために使用された。教師は住み込みだったので、この部屋は職員室と宿舎を兼ねており、「ヤスナヤ・ポリャーナ」には学校の施設（トルストイ自身の部屋と子ども用の教室二つと教師用二つ）と標本室が整っていた。学校には六人の教師（トルストイと四人の教師と教会関係者）がいた。トルストイは「ヤスナヤ・ポリャーナ」のあちこちの村に二〇校余りの学校を開設したが、この学校の教師はトルストイ自身が集めている。この新任教員は全く教員歴のないズブの素人たちであった。そこでトルストイはこの新任教員を自分の学校で自分の教育観や教え方の基本を教え、教育実習をさせて、各地の学校に赴任させている。トルストイが養成した教師は延べ二〇人を超えている。

村のあちこちに開校した時には「ヤスナヤ・ポリャーナ」には読み書きのできる者がいなかった。教会関係者以外に読み書きのできる者がいなかったので、最初のうちは近隣の教会関係者の中から教員に適した者が教師に選ばれた。生徒の増加により教員の数が不足した。この状況を克服するために、反体制の学生運動をして退学になった元学生を教師として採用している（これが最終的に「ヤスナヤ・ポリヤーナ」の学校閉鎖の一つの起因になる）。トルストイは農民教育に情熱を燃やしている者を直接面接して採用したので、子どもの親のみならず、子どもからも受け入れられた。これらの学校はトルストイをはじめ、二五、六人の教師と子どもとの間には教育的雰囲気が満ち溢れていたので、学校はますます発展の途を辿ろうとしていた。

トルストイはこの学校の状況と自分の教育観をロシア国民に知ってほしいと考え、トルストイ自身がスポンサー、編集者、発行責任者、営業担当者を兼ねて、教育雑誌『ヤスナヤ・ポリヤーナ』と子ども自身が読むことができる読み物『クニーシカ』（小さな本）の二冊を出版しようとした。トルストイは投稿者が多くて雑誌は毎回二、三〇〇ページになると期待したが、トルストイ以外に寄稿者はなく、投稿が集まらず第一号は一〇〇ページたらずであった。だがトルストイの学校は一段一段トルストイの理想に近づきつつあった。

好事魔多しと言われるように、理想に近づきつつあった学校においてトルストイは過労のピークに達し、地方に治療に行っていたのだが、その間の出来事である。この学校には反体制の元学生も教師に採用していたので、世間からは「不穏な連中が集まって政府を転覆させるという謀議を計っている」という嫌疑がかけられた。さらには誰の密告かは不明であるが、一八六二年七月六日、七日の両日にわたって中央から来た憲兵隊とツーラ県の警察が「ヤスナヤ・ポリヤーナ」その他二ヵ所を襲い、屋敷と学校は家宅捜索を受けた。さらに七、八日には別の領地ニコーリスコエも捜索を受けたが、この捜索においては嫌疑を裏付ける証拠は何一つ発見されなかった。この家宅捜索は教育のズブの素人トルストイが、かなりの成果を挙げていることに対する教育の専門家の妬みから、トルストイの教育活動を止めさせるためのものであったかどうかは不明である。

トルストイはドイツのフレーベルの幼稚園が、社会主義運動の拠点になっているという嫌疑をかけられ、政治的不良分子が教師になっているという密告によって幼稚園が閉鎖に追い込まれ、一八五一年に「幼稚園禁止令」が出されたこと、一八六〇年の禁止令解除を待たず、一八五二年に心痛に打ちひしがれたフレーベルが生涯を終えたという悲劇をトルストイは知っていたのではないか。生徒、親、教師たちはそれでも学校の継続を願ったが、もしこのまま継続したならば、トルストイは親や教師の中に逮捕者が出るかもしれないと恐れた。要するに公的に弾圧されて、閉鎖させられたならば社会的に大きな影響を及ぼすのではないかと考え、トルストイは学校を閉鎖することを決断した。このようなむごい仕打ちにより、トルストイは自分で命を絶ちたくなるほどのショックを受けた。トルストイの実践的な教育活動（第二回目）は一八六二年八月に終焉を迎えた。同時に教育雑誌『ヤスナヤ・ポリヤーナ』も停止し、一八六三年に廃刊される。

Ⅳ　第三回目の学校及び終焉

トルストイは一八六二年九月、一六歳年下のソフィア・アンドレーヴナ・ベルスと結婚し（モスクワ・クレムリンの教会で）、彼女と一緒に「ヤスナヤ・ポリヤーナ」に帰った。このときトルストイ三四歳、ソフィアは一八歳であった。同年、トルストイは『国民教育論』（第一論文）において自分の教育に対する考えを表明し、閉鎖に追い込まれた学校をできる限り早く再開しようとした。トルストイは一八七二年、「ヤスナヤ・ポリヤーナ」の学校を『初等教科書』（基本構想は一八六二年に立てられ、一八七一年に第一編のみ組版、一八七二年に出版）に述べられていることを実験するために、ソフィア夫人の協力の下で再開している（第三回目の学校）。

この一八七二年の第三回目の学校については、どのような状態であったかは究明することができない。どのような教科書、方法、教師は何人であったかも、さらには何年に閉鎖されたかは不明である。教科書は「アーズブカ」と言われ、これはロシア語で元々「アルファベット」を意味し、小学校一年生が最初に手にする読み書きの入門書であった。しかしこの教科書は再開された学校では不評で採用されなかった。その理由は教科書の値段があまりにも庶民の金銭感覚からずれたものであったためである。皇帝ならいざ知らず、庶民である農民は絶対に手に入れることができないぐらい高価なものであった。トルストイはこの教科書の効果を確信していたので、この教科書を狭い「ヤスナヤ・ポリャーナ」のみにとどめるのではなく、広い世界に普及させようとして、今まで毛嫌いしていた官職（一八七三年、アカデミーの言語・文学部門準会員）に就いたり、一八七四年一月にはモスクワで自分の教授法の正しさを証明するために公開講座を開催し、同年「ヤスナヤ・ポリャーナ」村のある郡クラピヴェンスキーの教育委員になったり、『国民教育』（第二論文）を出版している。

一八七四年四月、モスクワ初等教育委員会がトルストイの教授法を検討し、結論は出なかったが、同年一〇月『初等教科書』が国民学校図書として文部省に認可されると、トルストイは一二月にこれを全面改訂し、これを『新初等教科書』（ソフィア夫人自身も協力している）として翌一八七五年に出版した。この『新初等教科書』も国民学校図書として認可された。一八七五年から「ロシア報知」誌に連載を開始していた『アンナ・カレーニナ』を一八七八年に出版し、同年ツルゲーネフと和解する。一八七九年にロシア正教会の総本山キエフのペチェルスキー大修道院訪問、同年ロシア正教会の二大修道院セルギー大修道院を訪問して宗教研究を行う。さらに一八八〇年にはロシアの最高詩人プーシキンの銅像除幕式がモスクワで行われたが、ツルゲーネフ、ドストエフスキーなど当時の一流作家は参列したが、トルストイは招待されたが式典への参加を拒否している。

トルストイはこの事件から一九一〇年の死までの三〇年以上世間の目を逃れ、非常に逸脱した世界に生きたと言われる。トルストイの心は童心に満ち溢れ、子どもの神のような心を信じ、子どもは神の賜物で、子どもの神聖性を何一つ疑わず、子ども用の読み物を書き始め、その手始めとして一八八一年民話風の超自然的な『人は何で生きるか』を発表した。さらに一般民衆のために創設された出版会社「ポスレードニク」のために民話風の『イワンのばか』を一八八五年に発表している。

この頃からトルストイの精神生活は不安定なものとなり、異常をきたす行動をとっている。トルストイはあれほど毛嫌いしていたモスクワに、子どもの教育のためには首都の方が何かにつけて有利と考え移住している。しかもトルストイ自身頭のどこかに自分は土地所有者であり、農民はその従者で、農民を「奴隷」と呼び、自身「奴隷所有者」と感じ、貴族的気分が抜けず農民を下に見ていたので、故郷「ヤスナヤ・ポリヤーナ」もトルストイにとっては決して安住の地ではなくなっていた。この恥ずべき生活を抜け出すために、一九一〇年一〇月「ヤスナヤ・ポリヤーナ」から家族や友人に別れを告げずに家出した。

理由としては、ソフィア夫人との確執や結婚前からの人妻との関係、上流階級の貴族的な気分を嫌悪した。一八九二年に子どもがトルストイに無断で土地の分割相続を法的に確立し、トルストイの土地管理、土地処分の権利を剥奪したことなどが取り沙汰された。一九一〇年一一月七日午前六時五分、風邪を引いた彼は肺炎を併発し、やがて永遠の眠りについた（享年八二歳）。

タゴールの教育思想

（『ガンジーとタゴール』
国立国会図書館デジタルコレクション）

〈生没年〉
一八六一年五月七日～一九四一年八月七日
〈主な作品〉
『ギーターンジャリ』『ゴーラー』『ジャナ・ガナ・マナ』（インド国歌）
など

Ⅰ　生涯

ラビンドラナート（ロビンドロナト）タゴール（Rabindranath Tagore〈本名Thakur〉一八六一年五月七日〈一月五日〉―一九四一年八月七日）は父デーベンドラナート（デベンドロナト）・タゴール（一八一七年五月―一九〇五年一月一九日）と母シャロダ・デビ（?―一八七五）の子として生まれた。兄弟姉妹は兄が七人で、弟が一人、姉が六人、本人を入れて合計一五人で、ラビンドラナート・タゴールは一四番目で下から二番目であった。タゴールの兄弟はみな才能豊かで、家庭には宗教的芸術的雰囲気があふれ、長兄ディジェンドロナト（一八四〇―一九二六）は哲学を学び、次兄ショッテンドロナト（一八四二―一九二三）は弁護士で、素人画家で名をなし、次の二人の兄、ヘメンドロナト（一八四四―一八八四）とビレンドロナト（一八四五―一九一五）も画家で有名となった。絵画ばかりでなく、音楽も一家に好まれた。

ラビンドラナート・タゴールは妻ムリナリニ・デビ（一八七三―一九〇二）との間に三人の女の子と二人の男の子をもうけている。父デーベンドラナート・タゴールは知徳兼備の高潔な人物で、人々からマハルシ（マハリシ）（大聖）と尊敬され、宗教家、近代インドの宗教改革者で、カルカッタのバラモンの名門に生まれ、一八四〇（一八四二）年ブラフマサマージに入会し、ラジャ・ラムモホン・ライ（一七七二―一八三三）の死後衰えていたその活動を回復した。ライは一九世紀インドで最も偉大な人物で、インドの民族覚醒に先駆的な役割を果たした宗教・社会改革者で、『ヴェーダ』『ウパニシャッド』のインド古来の精神にかえり、宇宙を創造し、支配する唯一者ブラフマン（梵）のみを拝すべきことを説き、「人種や宗教やカースト」の隔てなく、すべての人に扉を開くべく「ブラフモ協会」を創立した。ライは偶像崇拝やカースト制度を否認し、幼児結婚やサティー（寡婦焚死）の廃止、英語教育や西洋科学の導入、学校の設立に尽力し、多角的な社会改革運動を展開した。

ライはタゴールの祖父ドワルカナート（ダルカナト）（Dwarkanath Tagore〈一七九四―一八四六〉）の親友でもあった。この祖父の服装や礼儀作法のおおらかさ、屈託のない余暇などはヴィクトリア様式にだんだん切り詰められた。時間も儀式も個人的風貌の品位までもが制約されるのをよしとした時代の人であった（『タゴール著作集 第七巻』※以下、第七巻と記す p.151-152）。父デーベンドラナート・タゴールは一八四三年、ライの遺志をついで「ブラフモ協会」を設立し、「ウパニシャッド」の一神教への回帰を唱え、キリスト教の影響を排除して、民族的復古精神を強調し、祖先伝来の信仰を擁護した。しかしケーシャブ・チャンドラ・セン（セーン）(Keshab Channdora Sen〈一八三八―一八八四〉）が入団後、キリスト教的色彩が強くなり、父デーベンドラナートはセンの保守性と相容れず、正統派と称するアーディ・ブラーフマ・サマージを創設した（一八六五年）。これは今日なお活発な活動を続け、インド独立の精神的支柱の役割を果たしている。

「父は、宗派的障壁から解放され、また、非常に硬直し、多方面において、大変狭隘で、あまり有益でない世俗的、社会的観念の伝統から、身をふりほどくことができた。父は、われわれの古聖典から、すなわち、ウパニシャッドから、普遍的意味をもつ真理を、すなわち、特定の時代や特定の人々だけのための特定のものを何一つ含まない真理を引き出した」と言い（『タゴール著作集 第九巻』※以下、第九巻と記す p.402)、さらに、

「父は概して整理整頓にとても几帳面だった。父はあいまいだったり不確実なままにしておくことを好まず、だらしなさとか一時しのぎは決して許さなかった。父は自分と他者との関係を律するためのはっきりした規則を持っていた。（中略）父と交際する場合は、私たちは気をつかい注意深くしなければならなかった。（中略）父はまた、そうしたいと思ったことは細部まですべて心に描く方法を知っていた。（中略）私のために定めた行動についての厳重な規制に逃げ道を残すことはなかった。（中略）私はまだほんの子供だっ

たにも拘らず、父は私のさすらいにどんな拘束も加えなかった。（中略）父はすべてのことを心にはっきりさせておくという習慣を持っていた。（中略）父はまれにみる記憶力を持っていたので、いったん事実を手に入れたら決して忘れることはなかった。（中略）父は彼の小さな金庫を私に管理させた。（中略）思うに父は、私に責任感というものを教えようとしていたのだ。（中略）父はとてもミルクが好きでたくさん飲む。けれど（私は）その能力を受け継ぐことに失敗したのか（中略）私のミルクへの欲求は悲しいほど不足していた。（中略）父はその生涯の最後まで決して私たちの自主性をはばむことはなかった。（中略）私が内部から自制するようになるのを待つ方を選んだ。（中略）愛のない単なる黙認など、無意味だということを父は知っていたのだ。（中略）外側からの強制や盲目的な容認では、実質的には真実の道を閉ざしてしまうということも父は知っていたのである。（中略）父は私に、真実を求めて自由にわが道を選ぶがままにさせておいてくれた」（『タゴール著作集　第十巻』※以下、第十巻と記す　p.67–80）

と父の人なりを思い出して、父そのものを鋭く観察している。この父親に対する尊敬・畏敬の念をもって父親を観察しているが、父はタゴールが誕生後絶えず旅行していたので、タゴール自身幼年時代の初期には父のことをほとんど知らなかった。しかし父が突然帰宅するとタゴールは父の何か異国的なものをかもしだす雰囲気に独特の魅力を感じて父にまとわりついていた。召使いたちと一緒にいることに満足してはいたが、直接に父に接することは少なかった。タゴールは召使いの住居に育ったので、幼い時には「求めなくとも女性の愛情深い世話が与えられるべきで、それが光や空気と同じぐらいの必需品であることは、意識的にではなくとも簡単に認められるだろう。発育盛りの子供はかえってしばしば、女性の気遣いに囲まれたもつれから自由になりたいという切望を表わしたりするものであるが。しかし適当な時期にこれを奪われた不運な人間は、全くどうすることもできない」と言い、これは母親自身の愛情深さが欠けていたことを暗示しているのではないか（第十巻 p.83）。

「わたしの育った家庭では、われわれは言葉の中に、力の自由を、文学の中に、想像の自由を、宗教的信条の中に、魂の自由を、社会的環境の中に、心の自由を求めた。このような機会に接して、わたしは生と一体となった教育の力に信頼をもつにいたった。まさにそれのみが、われわれに、真の自由を、人間に求められる最高の自由を、人間社会における道徳的交流の自由を与えることができた」という家庭環境の中に育ったことを告白している（第九巻 p.403）。そのような家庭環境の中で「人間の魂の深みには、完全なるものへ到達しようとする絶え間のない促しがあり、また、善を求めるわれわれのすべての努力に、秘かに手助けしている促しがあることをわれわれは信じなければならない。この信念こそが、わたしが一生の仕事と定めた教育使命におけるわたしの唯一の資産であった」（第九巻p.404）と話している。

さらに「教育は自由の中に、宇宙の諸法則についての無智からの解放の中に、人間世界とわれわれとのコミュニケーションにおける熱狂と偏見からの自由の中に、唯一の意味と目的をもっていることを、わたしは自分の言葉と仕事をとおして主張しようと努めている」と自分の使命を述べている（第九巻p.404）。また、「人間教育に表わされる活動は、世界的なものである。それは、さまざまな時代とさまざまな国との内的連関をもった普遍的協力の一大運動である。（中略）真理という大義を掲げる責任をもち、荒野に叫び、また、その教訓をインド自身がうみ出し得た最善の贈り物として世界に差し出す責任さえもっている」（第九巻p.405）、「内部に統一の永遠の中心を発見するために、各時代を激しく旋回して来た星雲の中から、人間の心の光明輝く面を開展していくこと」（第九巻p.406）を教育の究極の目的としている。

Ⅱ　家庭教育と学校生活

タゴールは先ず学校に入るまでは家庭教師の指導を受けたが「何を私が学んだかは全然記憶に残っていない」とし、この家庭教師の名前も顔つきも気質も覚えていない。だが残っているものとしては「より重たい手（平手打ち）の印象は、まだ色あせていない」（第十巻p.15）と家庭教師のことをふりかえっている。タゴールは年たらずで「オリエンタル・セミナリ」に入学させられたが、何を習ったかは覚えがなく、しかしそこでの処罰方法の一つは「課業を暗誦することが出来なかった少年（当時の学校は男子のみが学校に入学を許されていた）は、両手をのばしてベンチの上に立たされて、仰向けた掌の上に何枚かの石板を積み上げられた」ということだけが心に残っている（第十巻p.15）。

したがってタゴールはこの「オリエンタル・セミナリ」においては単なる生徒であるにすぎないという堕落からの出口、それをタゴールは家のベランダの隅に見出した。そのためにこの「セミナリ」からタゴールは「普通学校」に転校している。この普通学校に通っている子どもたちの大部分は「行儀も習慣もあまりに粗野だったから。そこで授業の合間には私は二階に上って、通りを見下ろす窓辺に坐って時間をつぶした」（第十巻 p.34）。教師たちについていてただ一人を覚えていて「彼の言葉づかいがあまりにきたなかったため、私はまったくの軽蔑心からどんな彼の質問にも答えるのをつねに拒んだ」（第十巻 p.34）。そのためにタゴールはどん底の状態で一年を通して無言のまま座り、クラスの他の者たちが忙しそうにしている間、一人取り残されて多くの込み入った問題を解決することに我を忘れて専心していた。

さらにタゴールは学年の終わりにベンガル語の試験で全少年の中で最高点をとったが、マズスダン・ヴァチャスパティ先生はタゴールにえこひいきがあったと、学校のおえら方に訴えた。だが二度目の試験を受けたが、今回も第一位をとった。この普通学校の教師はタゴールの家庭教師として派遣されて、ベンガル語の通俗文学や科学読本から叙事詩を読んだり、文学、数学、地理や歴史の授業を行った。学校から帰宅するや、図画と体操の先生が待っており、夕方には英語の授業も行われ、タゴールが自由になるのは九時を過ぎてからであった。日曜日も唱歌の授業、物理学の実験もあった。このように日曜日でさえ家庭においては日曜らしく感じられる余裕は全くなかったのではないか。この普通学校のゴーヴィンダ師はムチをもつ裁判官であったので、生徒はすべてゴーヴィンダ師を恐れた。しかしこのような「普通学校」の教師の中には、他の教師とは違った教師がいた。それは英語の教師アゴールで、彼はムチで支配することはなく、教え子を咎める時でも、叱責にまで高まることはなかった（第十巻 p.40）。

タゴールはこの普通学校を突然去って「アングロインディアン」と呼ばれる英印混血児を対象とした英語を主体とする、ユーラシア協会の「ベンガル学院」に行くこととなった（第十巻 p.53-54）。この「ベンガル学院」でタゴールが進歩したことは、ただ単に自由の方を向いたというのみにすぎず、教えられたことは全く理解しなかったし、自ら学ぼうとすることさえもしなかった。そこで「ここの少年たちはいらだたせはしたが、うんざりはさせなかった。（中略）私たちは苦しめられはしたが、汚されはしなかったから」（第十巻 p.54）が、この学院においては学問において進歩しようとする者は誰一人としていなかった。この「ベンガル学院」は収入源のない小さな学校であったので、「部屋は警官のように見張っている壁でひどく陰気だった。建物は人間の住居というよりは、分離整理された箱に似ていた。飾りはなく、絵はなく、ちょっとした色彩も、少年らしい心を惹きつけるどんな試みもなかった。好き嫌いが子供の心の多くを形造るという事実は、全く無視されていた。当然、その門を通って狭い中庭に入ると、私たちの全存在は意気消沈してしまうのだった。――そこで無断欠席が私たちの癖になってしまった」と、この学院の暗い思い出を語っている（第十巻 p.54）。

この「ベンガル学院」での学校生活を逃れるためにあらゆる口実を用いて、「聖ザビエル校」に入ったが（第十巻p.87）、結果は全く同じであった。タゴールの兄たちは間欠的な努力をしてくれたが、それは徒労であり、タゴール自身に対するあらゆる希望を捨ててしまい、タゴールを叱ることさえ兄たちはやめた。この「聖ザビエル校」は「学校というひき臼で永久に砕かれなければならないと決心することなどできなかった。学校はあらゆる生命と美から絶縁されているので、とても忌まわしくて、残酷な病院と牢獄との組み合わせのように見えたのだ。聖ザビエル校の一つの貴重な思い出は、（中略）先生たちの思い出だ。彼らがみな同じ美点を持っていたのではない。特に私たちのクラスを教えていた教師には、魂の敬虔な諦念を認めることなどできなかった。（中略）この力まかせの石臼型の教師たちが、聖ザビエル校にはいた」と告白している（第十巻p.87-88）。

タゴールは自分が通った学校「オリエンタル・セミナリ」「普通学校」「ベンガル学院」と「聖ザビエル校」をふりかえって、「今日この国でわれわれが学校と呼んでいるものは、まったくのところ一種の工場である。そして教師たちはその設備の一部みたいなものになっている。午前十時半、鐘の音とともにこの工場は門を開く。そして教師たちがしゃべり始めると、機械は運転開始というわけだ。午後四時、工場の閉じる時間になると、教師たちはおしゃべりをやめる。そして生徒たちは、機械製の学問を何ページか背負い込んで家路につく。のちほどこの学問は試験でテストされ、商標をはられることになる」と述べている（第九巻p.418）。しかしタゴールはこのような工場的な学校の利点として品物（子ども）を正確に規格に合わせて製造でき、別々の機械が造り出すものに大差はないので、品物（子ども）に容易に商標をはることができるが、人間は一人ひとりかなり異なっているばかりか、同じ者でさえ、日によってずいぶん違っている。その上人間から得られるものは、機械からは決して得られない。即ち「機械というものは、あるものをわれわれの前にさし出すことはできるが、それをわれわれに与えることはできない」（第九巻p.418）。

タゴールは一八七八年一七歳の時にイギリスの社会の大海に投げ込まれ、法律を学んで弁護士として帰国するために、「ブライトンの学校」に入ったが、この学校には長くいなかった。タラク・パリット氏はタゴールの進むべき道はこれではないことを見抜いて、ロンドンにタゴールを連れて行き、タゴールを下宿させた。このロンドンでの下宿生活はタゴールにとっては近隣には知人一人もいなく、出歩くにも道が分からなかったので、この下宿において「哀れな、肉体は飢え、理論におしつぶされた魂」を痛感しているのを見て（第十巻p.125）、タゴールはバーカーという受験専門の指導者の家に下宿することになった（第十巻p.126）。しかしこの環境の下で受験する気持ちはなくなり、タゴールは詩人としての運命、つまり兄嫁からデボンシャーのトルカイへの誘いにのって草稿帳とコウモリガサを手に、岩の座席に座って「沈んだ小舟」という詩を書いている。それからタゴールはロンドンのスコット博士の家庭に隠れ家を見つけ、数ヶ月を過ごし、その間に「ユニヴァーシティ・カレッジ」の講義に通った。この時期タゴールのもとに父から兄と一緒に帰国するようにとの手紙を受け取るがイギリスを去らなかった。タゴールはイギリスにいる間に詩を書き始め（一八七九、一八歳）、帰国途中の旅の中でも書き続け、帰国後完成したのが『破れた心臓』の名で刊行された。

タゴールは「楽劇」に関心をいだき、「楽劇」の演出では指導的役割をつとめたのは、幼い時から演技をすることが好きであり、特別の資質を持っていると確信していたからだった。五兄のジョティリンドロナトが書いた道化芝居の中で、「アリーク旦那」を演じた。これがタゴールの演技としての最初の試みであった。これによってタゴールは萎縮しがちな内気さを取り払うことができた。

タゴールは弁護士になるために勉強を始めようとした時に父にイギリスから呼び戻されたが、二、三の友達がタゴールを外遊させるように父をせめ立てて、タゴールを二度目のイギリス行きに導いたが、タゴールは法廷に呼ばれることを強く拒否したので、イギリスに行かずに、マドラスで下船し、カルカッタの家に帰らざるをえなかった。

今回の二度目の渡英の前に「ベチューン協会」の招待で医科大学の講堂で、講演を行った。主題は音楽であった（これがタゴールのはじめての講演であった）。タゴールはカルカッタの家に帰った後、五兄ジョティリンドロナトと嫁カドンボリ・デビと「モランの庭園」として知られているガンジス川の河畔の別荘に行った。このガンジス川は地平線から地平線へと、さらに緑の大地から青空へと広がる幅広い閑暇（かんか）は、タゴールにとっては「飢えと渇きの時の食物であり飲料であった。（中略）河畔でのあの愛すべき私の日々は、聖なる川を流れてゆく多くの献げられた蓮の花のように過ぎていった」（第十巻 p.160）。

タゴールは次兄ショッテンドロナトが裁判官をしているカルワール（ボンベイ南部のカラナ地方の中心地）に移った。カルワールからの帰り道タゴールは船上で『自然の復讐』のためにいくつかの歌を書いている。タゴールはカルワールからカルカッタに帰って間もなく、一八八三年にムリナリニ・デビと結婚した（タゴールはその時二二歳であった）。二人は円周道路に接した庭つきの家に住んだが、その南隣には大きなブスティ（貧民街）があった（第十巻 p.183）。当時の自分をふりかえって「私はまったくのおぼこで、自分自身の要求はほとんど持たず、信念の善悪を見分ける点では、まるきり利口ではなかった」（第十巻 p.186）と告白している。当時タゴールにつけられた仇名は「かたこと詩人」で（第十巻 p.190）、エキセントリックで、通常人のようには日々の生活に自分を適合させることができなかった。

タゴールが二四歳（一八八五年）の時に、はじめて身内の死に直面したが、どう対処してよいか全くわからず、子どもそのもので、その打撃はそれに続いたぞれぞれの別離でどこまでも長くなる涙の鎖をひきずっていた。父デーベンドラナートはタゴールが火葬場から帰ると前面のベランダに不動のまま座って祈りをささげていた。その頃タゴールは思想と行為の奇行癖（エキセントリシティ）の再発に襲われた（第十巻 p.197）。

しかしタゴールはこの頃から貧しく苦しむ人々への同情心があふれるほどになり、教育問題にも関心を持ち始めた。要するにタゴールは社会悪に対する怒り、熱烈な愛国主義が表面に出て、もはや抒情詩人ではなく、より真剣に人生を直視して社会的政治的活動を開始し始める。特に一九〇一年（タゴール四〇歳）には「サンチニケタンの学園」を創設している（この「サンチニケタンの学園」については後に詳述する）。一九〇二年（タゴール四一歳）にはタゴールは最愛の妻ムリナリニ・デビの死に引き続き、一九〇三年には次女レヌカ（愛称ラニ）（一八九〇―一九〇三）を、一九〇七年には次男ショミンドロ（一八九六―一九〇七）を次々と失ったこと、政治運動につきまとう醜さと権謀術数に対するいや気から、一九〇七年（タゴール四六歳）に突然一切の政治的活動を放棄して、サンチニケタンに引きこもった。

その二年前の一九〇五年（タゴール四四歳）、イギリス政府はベンガル州を東西に分離する政策を取り、この分離に反対して全インドが混乱した。タゴールはペンを武器として論陣を張り、村落委員会や国民学校を設立し、国中を遊説し、国民の自覚を促した。しかしタゴールは本来的には詩人であり、哲学者であって、社会活動家ではなかった。サンチニケタンで敬虔な宗教詩人となり、当地で愛と平和とコスモポリタン的な見地に立って教育者としての仕事に専心することになった。一九〇七年詩集『ギータンヂャリ』（詩の捧げ物）を出し、タゴールは東方の詩聖として世界に知られるようなった。一九一三年（タゴール五二歳）には東洋人初ということもありいろいろと反対もあったが、「ノーベル平和賞」を受けた。この賞を授与したノーベル財団の態度に対して斎藤仙酔は『タゴールの哲学』において「如何にも度量が廣く、公明正大で敬服の至である」（p.3）と述べている。このノーベル賞の賞金八〇〇〇ポンドはすべてサンチニケタンの学園にあてがわれた。一九一五年にはイギリスからサーの称号を与えられたが、一九一九年（タゴール五八歳）にはパンジャブの動乱の鎮圧に対してイギリスの政策に対する抗議としてそれを返上した。

タゴールは一九一六（大正五）年（五五歳）五月三日、日本汽船土佐丸でカルカッタを発ち、五月二九日に神戸に到着した。日本でのタゴールは数日間神戸・大阪で過ごした後、六月五日に上京、九月七日にアメリカに向けて出航するまでの三ヶ月間を、横山大観邸、横浜の原富太郎邸、信州軽井沢の三井八郎衛門の別荘などに逗留し、多くの知識人や芸術家に会い、いくつかの重要な講演を行った。タゴールはこの三ヶ月の間に日本人の鋭い美意識と簡素で勤勉な生活様式に深い印象を受けた。しかしタゴールは当時台頭しつつあった帝国主義的傾向—特に日本の中国侵略—と無反省な西洋文明の模倣にいたく失望し、悲しみの極みに陥った。タゴールは近代日本の運命の危機を予感し、東京帝国大学や慶応大学での講演では侵略的な民族主義を痛烈に批判したために、朝野あげての熱狂的な歓迎ムードはたちまち冷却していった。

しかしタゴールは深く日本を愛し、一九二四（大正一三）年、一九二九（昭和四）年と三度訪日している。さらに第一回（一九一六年）と第三回（一九二九年）の訪日の際には、日本からさらに最終目的地のアメリカ、カナダへと向かい、帰路再び日本に立ち寄り、事実上五度日本の地を踏んでいる。タゴールは二度目の一九二四年五月に訪日した際、東京帝国大学の文学部の講堂で講義を行っている。この講義は東西文明の比較を述べ、東洋文明の特徴、特にインドと日本の文化の卓越を説いている。この講演を拝聴した当時東京帝国大学文学部梵語学梵文学科に入学した平等通昭は、当時のタゴールの容貌について「長身で、亜麻色の長髪をのばし、鼻の高い、彫りの深い顔立ちで、目はくぼみ、眼光鋭く、顔色は浅黒かった。ガウン様の長衣をまとい、布地は麻らしく、緑色をしていた。その声は静かでよく通り、銀の鈴の変かと思うばかりすんで、綺麗だった」と述べている（『タゴールの学園』p.2)。

タゴールは第二次世界大戦の迫る足音には同調できず、満州事変（一九三一年)、日中戦争（一九三七年）によって日本が中国に侵略戦争に突入するや、日本の帝国主義や軍国主義に生涯強く反発して、厳しく弾劾をつづけ、あれほど好きであった日本を嫌うようになり、日本政府に協調する日本の友人と絶交した。特に詩人野口米次郎との間で火花を散らすような公開論争を行い、ついに野口との友情を断っている。タゴールは機械主義と軍備拡張に走る日本政府を終始非難警告し、嫌い続けた。

Ⅲ　教育の問題

　西洋では教育は実際生活から遊離しているどころか、その不可分の一部となっており、教育は社会の中で生まれ、社会の中で育ち、社会の中で生きて働いている。したがって子どもの生活は日常生活の中で話したり、考えたり、行ったりすることに、おのずからその成果はにじみ出てくる。学校は社会がその長い歴史の間に、多くの人々のいろいろな活動を通して獲得してきた文化を次の世代に伝える一つの手段にすぎないと見なしたタゴールは、それに反して自分の国の「学校は、社会と完全に一体化しているどころか、むしろ外側から社会に押しつけられたものである。学校の教える教科は、退屈で無味乾燥であり、憶えるのに骨が折れるばかりか、やっと憶えたときには、何の役にも立たない。十時から四時までの間に生徒たちが詰め込み勉強で憶えたことと、彼らが実際暮らしている社会との間には、何ひとつ一致点はない。むしろ多くの不一致点がある。学校なるものは、ほとんどロボット製造工場の域を出ない」（第九巻p.419）と述べている。

　インドは古くから文化の進んだ精神性に優れた国で、教育は早くから行われ、アーシュラマ（庵室）の教育で、道徳的、精神的教訓を与える師であるグル（宗教上の師父）たちか、あるいは機械よりはむしろ人間である教師たちの手に委ねられていた。教えられる事柄は範囲が広すぎることもなく、また社会一般の考え方や意見と矛盾するものではなかったが、タゴールは「それをそのまま現代（タゴールの生きた時代）に再現しようとするなら、たんに形式だけの復活となり、無駄なことで、結局は重荷となるだろう」（第九巻p.419-420）と述べている。そこでタゴールは新しく創る学校はすべて、

①その諸教科が生き生きとしてかつ多種多様であること
②知性ばかりではなく、感情をも養うものであること
③教科がばらばらに分裂し、あるいは不調和であるために、青年たちの精神が引き裂かれるようなことがないこと
④その教育が生徒たちにとって非現実的で、抽象的で重荷で、学校にいるわずかの時間のあいだしか、自分たちに関係がないものにならぬこと

という諸条件をクリアしなければならないとした（第九巻p.420）。

タゴールは「学校を家庭的なものにしようとすると、その結論は、えてして寄宿学校ということになりやすいが、寄宿学校というと、（中略）どこか兵舎や精神病院や刑務所に似た場面が浮かんでくる」ので（第九巻p.420）、過去において憧れ、また励まされてきた

独自の理想を実現するように努めるべきであるが、イギリスの統治下ではイギリス風の教育を受けてきたので、どうしてもイギリスの手本が目の前に立ちふさがり、過去に築いてきたものが見えなくなり、イギリスの足かせにしっかりつながれている。しかしイギリスはインド人を文盲にしておくことを欲したために、小学校教育は普及しなかった。さらにイギリスの統治下での学校における道徳教育は、「ちょうど病弱者に毎日強壮剤を与えたり、赤ん坊を太った健康な子にするために栄養食を処方したりするのと同じで、一種の機械的なやり口であり、いろんな問題を惹き起こし、少年にとってはとうてい魅力あるものにはなりえない。むしろ彼を傷つけるか、それとも頭の上を素通りするか、どちらかであって、彼に被告席の犯人になったような気持ちを味わわせるばかりである」（第九巻p.423）。したがって、タゴールにとってはこの道徳教育は全く時間と労力の浪費であるし、道徳教育に熱中しているのを目撃すると身の毛の立つほど恐ろしい気持ちになり、不愉快なばかりか、何の役にも立たず、社会に害を与えるものは他に考えられないと毛嫌いしている。

インド人の心は絶えず大自然と親しく交わることを通して成長し、動物や草木の命と一体となって生きようとする願いが、インド人の魂に宿っていた。都会の学校は「一種の工場」みたいなもので、人間に世界を一つの機械と見なすことしか教えることができない。

このような都会の学校で子どもの精神と人格を築き上げるのに必要なのは、道徳教育ではなく、「友人のような指導と、本人の性分に合った環境である」（第九巻p.424）。その環境は大自然の真っただ中で暮らすことである。タゴールにとって「都会は人間本来の住居（すまい）ではない。人間の物質的要求を満足させるために造られたものである。（中略）都会はわれわれを大自然の懐からもぎ取り、その貪欲の坩堝（るつぼ）の中で精も根も尽き果てさせる。都会に住んで仕事に心を奪われている人々は、自分たちの人生から何かが失われつつあることに、ほとんど気がつかないでいる。（中略）日一日と大宇宙から遊離し、根無し草になってゆきつつあるのだ」（第九巻p.424）、無機質な生活を送っているのである。

したがってタゴールは若々しく、心がみずみずしく、学ぶ意欲に燃え、感覚が生き生きしている子どもは大自然の影響のもとにあることが重要であると考えた。即ち子どもは大地と水、空と空気に育まれ、母の乳房から吸うように、それから栄養を吸って育ってはじめて本当の意味で一人前の大人になれるのではないか。要するに「日光と雲の運動場である大空のもとで、子供たちを遊ばせるがよい。子供たちをブーマ〔宇宙の至高の霊の息吹き〕からもぎ離してはならない。さし昇る朝日が、新しい一日の扉をその輝かしい指で開けるさまを、また静かな夕べの輝きが、星をちりばめた夜の闇にとけこんでゆくさまを、子供たちに見させるがよい」と述べている（第九巻p.425–426）。

このように子どもを「自然の中で生活させる」ことをタゴールが考えるようになったのは、タゴールが子どもの時に『ロビンソン・クルーソー』のベンガル語訳を読み、「いまでもわたしは、この物語は少年のために書かれた本としては最上のものだと思っている。幼いころのわたしには、自分自身から逃れて、自然のなかのいっさいのものと一つになりたいという憧憬があった」（第七巻p.155）と述べ、「『ロビンソン・クルーソー』では、自然との合一のよろこびが冒険物語として表現されている。すなわちそこでは、孤独な人間が孤独な自然と向かい合って、あるときは自然をなだめ、自然と協力し合い、またあるときは自然の秘密を探り、そして自分の能力のすべてをあげて自然の援助を得ようとするのである。これは西洋の勇敢な恋愛冒険物語、すなわち大地への積極的な求愛物語である」と述べ（第七巻p.157）、さらに「どこかの教育施設について考えるときにはいつも、ロビンソン・クルーソーの孤島のことを心に思いうかべる」と言い（第七巻p.158）、人間と自然の完全な合一を教える最初の主要な教訓は「愛」によってだけではなく、「積極的な意志の疎通」や「知的な方法」によって順調に行われる。要するに愛と行動が完全な知識をうる唯一の媒介である。知識の対象は博識ではなく、叡智である。

（この『ロビンソン・クルーソー』に関してはルソー〈J.J.Rousseau:1712–1778〉が『エミール』〈Emile ou de L'Education〉においても重要視している）

タゴールは子どもの「自由」という精神が健全に育つには大自然の懐につつまれることが不可欠と考えて、子どもが警察署に出頭する容疑者のように、学校の出席点呼の時間に遅れずに出頭するために「朝の九時半から一〇時までの三〇分間にあわただしく食事を掻き込まねばならないという生活」（第九巻p.426）では、子どもが健全に育つことはとうてい不可能であるとして、育ち盛りの子どもは大自然の中で自由に生活すべきである。したがって当時の子どもは塀で囲い込まれた番人つきの学校に閉じ込められることによってどんなに苦しんだことか。子どもから空気と光、自由と喜びを奪い、教育をあらゆる点で一種の罰みたいなものに形骸化している。

　子どもは何も知らない状態で生まれるから、つまり生まれる前に学者（ペンデット）になっていないのだから、どんな理由があろうと学校を牢獄に変えて、子どもに重労働刑を宣告して、この牢獄に子どもを投ずることは許されるべきではない。「神は、子供たちが大自然の中でのびのびと教育されることを意図された。その神の意図に背くことによって」（第九巻p.426）子どもをだめにしているのではないか。タゴールは先ず牢獄のような学校を壊すべきであるとした。タゴールはそのために「わたしの意見としては、われわれは古代インドの教育の原理に従うべきだ。すなわち、学生と教師は共に、しかも自然な環境の中で暮らす。そして学生は純潔な生活（ブラフマチャリヤ）を実行することによって自らの教育を完成する」と考え（第九巻p.427）、タゴールは学校を新しく建設する場所は、混み合った都会からはるかに離れた静かな場所を選び、広々とした大空、野原、木々などという大自然の恵みを満喫できる所を考え、その学校は教師も学生もただ学問にだけ専念して暮らせる超俗の場所であるとした。

このような学校には、「もしできることなら、学生たちも耕作を手伝い、学校に食糧を供給するようないくらかの土地があるといい。そして乳を出す雌牛もいて、学生もいっしょにその世話をするのだ。勉強時間でない時は、学生たちは庭で働き、木々の根のまわりの土を柔らかくしたり、作物に水をやったり、生け垣を手入れしたりする。こういうふうにすれば、学生たちは頭と手足の両方で大自然と交わることになるであろう。天気のよい時には、授業は大木の陰でしたらよい。授業の一部は、みんなで並木道を歩きながら教師と学生が議論しあうという形でしたらよい。夕方の休憩時間には、学生は星の名を言いあてたり、音楽に親しんだり、伝説や歴史物語に聴き入ったりしたらよい」（第九巻p.427）と述べている。このような学校はヨーロッパの田園教育舎学校に似ているのではないか。

もし子どもが悪いことをしたならば、タゴールは古いインドの流儀に従って、償い（つぐない）をさせるべきであり、決して罰を課すべきではないと考えた。つまり罰を課すことは、不正をされた者が不正をした者に復讐することであるが、償いは、不正を働いた者自身が自発的に引き受けるものであるので、「償いは、われわれが自分自身にたいして果たすべき義務であり、不正が修復される唯一の方法である。このことをわれわれは皆、若いうちに学ぶべきである。一個の人間が他の人間によって罰せられるなどというのは、屈辱的なことである」（第九巻p.428）と述べている。

さらにタゴールはこの新しいインドの学校には机、椅子あるいは長椅子は必要ないのではないかと考えている。それはこの新しい学校には生徒すべてにそれらをあてがう経済的余裕がなかったというのが第一の理由である。しかし校地は生徒全員が座れるほど十分に広くあり、それら（机、椅子）は生徒がこの大地を利用するのを奪うだけである。タゴールにとっては建物とか、付属設備とかいうものは二次的なものであって、これらのことに心を奪われ、その費用に頭を悩ませるのは無駄なことで、その建物や付属設備はタゴールにとってはなくてもよいもので、「まず泥小屋から始めよう。集まりをする時は、床に坐ろう」（第九巻p.428）と言っている。

しかし当時の教育（学校）においては子どもの教育をどうするかよりも、二次的なもの、建物や設備をまかなうのに乏しい資力を使い果たし、本来の仕事（子どもの教育）のためにはもうほとんど資力は残っていなかった。そこで子どもは大地に座る力、質素な着物を着て、質素な食物を食べる力、そして最小の精力の消費で最善の結果を得る力、この力は決して小さいものではないことを自覚すべきである。要するに見すぼらしい境遇にあっても、少しもその輝きを失わないために、この境遇をあらゆる方法で子どもに心底から納得させる必要がある。しかしこれを子どもに一つの道徳的教訓として教えるのではなく、学校において質素な生き方の生きた実例として教えるのでなければ、何一つ実を結ぶことはない。子どもがこの生き方を学ばなかったならば、後年額に汗して働くことを嫌うようになり、地面に座ることを卑しいと思うようになり、さらに悪いことには、子どもは先祖を軽蔑し、古きインドの教えを誤解するようになる、と主張する。

1 当時の教師

教師は自分の義務を果たすのにごく一部の知力と魂の力しか発揮せずに、少しばかりの脳味噌とムチを手にして、それの代行を行っている。特に教師は、本来的には生徒の方が探し求めるべきであるが、経済的な必要から、生徒を探し求めなければならない。教師は、「一種の商人」で「教育の露天商」みたいに客(生徒)を呼び入れ、彼の売る品物の中には「愛情、尊敬、献身的な親切、その他の感情」などは全くあろうはずもなく、それを誰一人として期待していない。教師は自分の商品を売り尽くしてしまい、給料という形で代金を受け取ったならば、もうあとは生徒とは全く関係がなくなり、生徒がどのようになったのか無関心であった。

しかし、少数ではあるが、内面にすぐれた価値をたたえて、金銭的なことなど超越している教師は、精神的な教訓を与える師・グル（宗教上の師父）の地位に引き上げられるべきである。このような教師は自分自身の生き方を通して生徒に生命を吹き込み、自分自身が学ぶことによって生徒に灯を点じ、自分の愛情によって生徒を幸福にすることができてはじめて、本当の誉（ほま）れを得ることができるのではないか。タゴールはこのような教師はお金で売り買いできないものを、また金銭で計れないものを生徒に与えるので、生徒はこのような教師には自分の課題ができなかったとしても、何一つとして罰せられるという恐怖心はいだかず、自分に対する教師の態度に「献身的な愛、宗教的と呼びたいほどの深い愛、真実な愛」をもって応えるのではないか。しかしこのような教師も生計のために給料は受領せざるをえ得ないが、この給料よりもはるかに多くのものを生徒に与えることによって「教職の尊さ」を世間の人々に周知することができる。

2 当時の親のあり方

親は「教育」と思われているものを子どもに受けさせるのに、ただ子どもを一番近い学校に、その学校がどのような位置にあるか、どのような教育を行っているかは全く眼中になく学校にやりさえすれば事足りると考えたり、また近くに学校がなければ、家庭教師でもつけてやりさえすればよいと考えていた。タゴールはこのような学校での「教育」は子どもが金を儲ける人間になるのを、つまり守銭奴になるのを助けてやるだけで、教育の名に値しないし、親の考えたような型に人生の始まりからはめこまれるのは、子どもにとって決してよいことではないと考えた。このことの裏返しには当時の富裕層の親は自分の思い描いた型に子どもをはめこみ、子どもの性格、素質を全く無視していたからではないか。

親の責任は子どもに普通の人間らしい気持ちを育ててやることである。したがって子どもは人間の子どもらしく行動し、振る舞うことを十分に学ぶ以前に、さまざまな実り豊かな経験をしそこない、ものの感じ方も狭く育っていくのではないか。極端な言い方をすれば、親の考えた型にはめこまれて、何一つとして自由がなくなった子どもはちゃんと手も足もあるのに、何一つとして自分ではしてはならないと厳しく育てられたために、いくら丈夫な手足を持っていても、それは宝の持ち腐れである。しかし子どもはもし自分で事をし始めたならば、他人がそれを見てどう思うかと恐れる余り、子どもにとって非常に容易なことでさえ、全く未経験のためにとても難しいことになり、ごく当たり前のことができずに恥ずかしい思いにかられて、最終的には自分から何一つできない者になってしまうことを親は知らない。

つまり、子どもは人間として自然権（何か子どもは自分でやりたいものがあるが、危険であるとか、未経験なものなので親がストップをかけてしまう）をほとんど親によって奪われている。要するにこのように、子どもという大地に毒草の種を播くような親は子どもに最適の者と言えるであろうか。タゴールは子どもの真の気持ちを理解しようとするならば、親が子を型にはめこむことは非常に危険であるので、親のゆがんだ生き方を子どもに無理強いすることは避けるべきであると考えた。

しかし、親は自分が間違った仕方で子どもを育てているとは夢にも思っていないし、自分の欠点は自分に見えぬものであるから、自分が子どもにどのような害を及ぼしているか自覚していない。したがって自分の子どもを真の人間にしたいと思う親は「グル」（精神的な教訓を与える師、宗教上の師父）と共に暮らし、大自然と親しく交わり、プラフマチャリア（禁欲）の鍛錬を受けながら暮らせるような学校に送り出すことを第一の義務とすべきである（第九巻 p.435）。そこでタゴールは、「胎児や種子は、母の胎や地面の下という隠れた所で、昼も夜もまわりから養分を吸収しながら育ち、ついに風や日光の当たる所に出ても大丈夫なくらい強くなる。大自然は、胎児や種子を、その本性に適した環境において やり、外部のさまざまな力に掻き乱されないように気を配っている。人間の心も、子供時代はいわば胎児時代である。だから学校に通う子供たちは、かき乱すような力の一切から保護してくれるような環境の中で暮らさねばならない。学びつつ、また、知らず知らずのうちに、知識を吸収することによって力を得ること——これを子供たちの唯一の目標にせねばならない」(第九巻p.435)と述べている。

3 教育の混乱 ―タゴールの時代の教育の現状―

子どもには学校の勉強のために指定された教科書のほかに、自分で自由に選んだ本を読みたいだけ読ませてやることが必要である。これを拒否されると、子どもは知的成長がはばまれ、いつまでも子どもの知性しかない大人に育ってしまう恐れがある。しかし不幸なことに、インドでは子どもが自分のしたいことができる時間がほとんどなかった。しかもいくつかの試験に合格して就職のための資格を身につけ、しかもできる限り短い時間でそうしなければならなかった。子どもは何冊かの教科書を息のつまるような速さで頭に詰め込む以外に何ができるであろうか。そのために、もし子どもが娯楽読み物を読んで勉強しなければならない貴重な時間をつぶすようなことは親も教師も決して許さず、見つければたちまち子どもの手からそれを奪った。

そこでタゴールは、「ベンガルの子供は文法と辞書と地理の本という低カロリー食ばかり当てがわれている。そういう子供が教室でやせた脚を椅子からぶら下げているのを見ると、世界中でいちばん不幸な子供を見る気がする。ほかの国々の子供たちが、ありとあらゆる楽しいごちそうにありついている年頃に、ベンガルの子供は、先生のむちと先生の叱言という味つけだけで消化せねばならないのだ。（中略）栄養不良と気晴らし不足のために、ベンガルの子供は、肉体も精神も十分に発育しないまま大人になってしまうにきまっている。（中略）何一つ本当に正しく把握することができないし、何一つ確固として打ちたてることもできない。また何一つ土台からてっぺんまで築き上げることもできない。話すにも考えるにも行動するにも、大人らしくできず、精神の貧困をカバーするためにやたら大言壮語し、外見をつくり、ふんぞり返る」（第九巻p.437）と述べ、これらすべては子ども時代から受けてきた「教育」のせいであるという。

要するに、子どもは指定されたわずかの教科書をただ丸暗記するのを強いられ、わずかの分野の実用知識を（本当にマスターするのではなく）ただ詰め込んだりするように、子どもにとっては少しも面白くなく、つまり子どもにはほとんど興味を惹起させるものではなかった。子どもが一冊の教科書を正しく消化するためには、消化剤としての娯楽、読み物が必要である。子どもは楽しんで本を読む時は、知らず知らずのうちに読書力は増大し、理解力、同化力、記憶力はごく自然に、また楽々と強まってゆく。子どもにとって学校での授業において一番苦労したのは「英語」の授業である。「英語」で述べられている内容が子どもに全くなじみがなかった。そのために子どもはその内容に何一つとして興味、関心を惹かれず、子どもにとってできることはただ、それを少しも理解することなく、機械的に暗記することだけである。要するに子どもは食物を噛みもせずにただ呑み込むのと同じで、何一つとして消化せずに、身体的にも精神的にも身につかない。子どもは本を読む際にはまるで暗闇の中を手探りして回るような気がして、その内容にまでは気が回らないのではないか。

さらにインドにおける初級の学校で教える教師が問題である。そこでタゴールはこの学校での教師は「教師となるための適切な訓練を受けていないところからくる。（中略）全員が、英語にも英文学にも、英国人の生活や考え方にも、十分な知識をもっていない。（中略）彼らにできることはただ、間違ったことを教えることだけだ」（第九巻 p.438）と述べている。子どもは自分の一番楽しいはずである学校生活を外国語の文法書や辞書の勉強

（少しでも早く故郷を出てよい職に就くために）を強いられ、それは退屈で、陰気で、何の新鮮さもなく、学校の勉強という狭苦しい牢の中で過ごしている。人間は段階を追って子どもから大人に成長してゆくので、子どもが大人として具えていなければならないいくつかの知的能力は、大人になったからといってすぐにどこかで買ってこられるというものではなく、子ども時代に子どもは自分の内側からその知的能力を身につけていかなければならない。この知的能力は「必要な時はいつでも店で買える既成品のようなものとはわけが違う」ので（第九巻 p.440）、子どもの学校時代にしっかりと身につけさせるべきである。

タゴールはこの知的能力は、人間が人間らしく生きてゆきたいと思うならば、思考力と想像力であり、これらの能力は子どものうちに養っておかないと、大人になってからでは身につかないのではないか、と考える（第九巻 p.440）。

しかし現行の教育制度においてはこの二つの能力を養う余裕は全くない。即ち子どもは子ども時代の何年にもわたって外国語（特に英語）を教える資格を有していない教師に教えられて過ごしている中では思考能力は育たない。つまり考えるということをせずにただ本を読んでいては、ちょうどただ材料を積み上げるばかりで、何も建てないのに等しい。例えば男の子が成長して一人前の男になるのを望むならば、子どものうちから男らしく育つようにとり計ってやることが必要である。もしそうしないと、いつまでも子どものままでいることになる。ただものを憶えるだけが、つまり物事を丸暗記することだけが能ではないと、子どもに教えてやることが必要である。

親や教師は子どもに自分で考えたり、自分の想像力を働かせたりする機会を十分に与えるべきである。しかしこの大切な時期は無味乾燥な文法や辞書の研究に無駄に費やされているので、知性と感情は未発達のままで、たとえその後大切な真髄とか、すばらしい概念とか、崇高な思想とかが未発達の知性と感情に大雨の如く注がれても、子どもの精神はそれを吸収する力がついていない。現在子どもは面白くもない教育にこの大切な時期を無駄使いされている。しかも少年期から青年期まで、子どもは学問の女神の奴隷となり、単語という荷物を腰が曲がるほど背負わされてよぼよぼと蛇行している。そのために子どもはたとえ英国風の考え方を吸収しても自分の血となし、肉とするまでゆかず、自分の生活に実際に生かして使うことができない。しかし子どもは自分の内的な生活に少しも結びつかない学問を顔に塗りたくって、いかにも学問を身につけているかのように威張りかえり、それを完全に誤用して自分自身を台無しにしてしまっても、自分がどのような道化役を演じているかを自分ではほとんど気がつかないのではないか。

結局タゴールは「わが国の教育は、わが国の生活に全然結びついていないので、われわれの読む本には、われわれの家庭の生き生きした描写などありはしないし、（中略）教育と生活が一つに結びつくことはけっしてありえず、両者はいつまでも壁に隔てられて別々のままでいなくてはならない。わが国の教育は、喩えて言うなら、われわれの根からはるかに離れた所に降る雨のようなものだ。（中略）われわれのところまで滲み透ってくることは、到底できない」（第九巻p.443-444）と述べている。

そのために、教育と実生活の間の反目はますます深まる。両者が離れれば離れるほど、子どもの日々はまるで道化役者が二人、お互いに嘲り合いののしり合う喜劇舞台のようになる。したがって緊急の問題は教育と実生活の一体化をどうすれば達成できるかである。しかしこの二つは根本的に不調和のままで、自分の二本の足で立てず、欲しいものを手に入れることができず、何事に対し努力しても成功しないので、タゴールは神に「われわれの言葉と思想を一体とし、われわれの教育と生活を一体として下さい」（第九巻p.447）と祈るしか道を見出すことができないことをなげいている。

Ⅳ　サンチニケタンの学園

タゴールの父デーベンドラナート（デベンドロナト）が商用の途次ここに立ち寄って、夕陽を浴びてチャティムの木蔭に座禅し、この地が気に入って土地を求め、サンチニケタン（シャンティニケタン、シャーンチ・ニケタン　平和の里・寂静の里、平和のあるところ）と名づけた。砂利混じりの広い野原に池や井戸を掘り、丹精をこめてマンゴーや沙羅の木を植林し、学園都市というよりは学園集落を造った。ここにタゴールは一九〇一（明治三四）年（タゴール四〇歳）に我が子を含む五人の生徒と六人の先生によって創設された寺子屋のような学校を始めた。

　この教育機関の第一義とすべき目標は、「たんに子供の身体や心をあらゆる緊急事態にもじゅうぶん対応できる準備をさせるだけではなく、生命と世界の呼応の交響曲（シンフォニー）に完全に音程を合わせ、調和（ハーモニー）の安定性を見出すように指導することでなければならない。そのようなところでは、子供たちに与える最初の主要課題はおのずと即興的なものとなり、いつもお仕着せの教科を課するようなことは排除されてきた。たいせつなのは、自分にもできるのだという成就の驚嘆(おどろき)をとおして、自分の能力を切り拓いてゆく機会を与えてやることである」(第七巻p.159)と述べた。そのためにタゴールはサンチニケタンの子どものうちに、自然に対するういういしい感情をのばし、周囲の人間世界との関係の中で感受性豊かな魂を育てようと最善を尽くしている。子どもは魂を通して世界の存在をもっとも身近に感じることができるのではないかと。

マンゴーの森の中に車座をつくり、黒板一面を立てて教室として、教師と生徒は寝食を共にし、授業料を取らず、詩聖タゴールの劇や絵や詩をそのまま教材として創造性のある学園を創った。この学園は大学院(ヴィドヤバボン)・芸術院(カラバボン　美術と音楽部がある)、中国研究所(チナバボン)、大学、高等学校、小学校があり、サンチニケタンの分園シュリニケタン(幸福の里)には農業研究所と農工芸実習場も、師範学校もあった。このサンチニケタンは上流子弟の秀才教育機関であり、シュリニケタンは中流階級の子弟の技術的教育と農村改良事業を行う。したがってここには二〇歳以上の大学院の学生から海外の留学生もおり、五、六歳の小学生まで、年齢は種々雑多で、インド各地の良家から集まっていた。ここではカースト制度もなく、宗教の区別もなかった。

ここは学園だけでの社会で、通学生はいなくて全員寄宿舎で生活した。男女別の寄宿舎が森の中に点在していて、食事は食堂に集まって一緒にとった。学生生徒ばかりではなく、独身の教師も一緒に食べた。男女共に手掴みで食べ、男女の学生が皆で給仕し、食事を配膳した。学生は奉仕の精神から自由意志で給仕していた。服装は女子はサリーという婦人服をまとい、裸足か革草履をはき、室内でも野外でもあぐらをかくが、裾はみだれていない。男子はロンギと言って広布を腰まき風にまいてはしょり、肩に広布をまとっているのが普通である。がしかし若い学生の中にはズボンをはき、上にシャツを着ている者もいたが、洋服はひどく嫌われた。女子は祭日などには赤や紫や白地に金モールの縁取りをしたサリーをまとった。

授業は小学校では生徒の数は多くなく、一組が七、八人から一二、三人で、乾季にはマンゴーの樹蔭で馬蹄形の高台を泥土で築き、それに腰かけて教師も生徒も和気あいあいと授業していた。時刻によって教場も影の多い樹蔭に移動した。雨季には宿舎の廊下のベランダで授業は行われた。これはタゴールが学校という建物はないといい、それは貧しいからではなく、彼が嫌ったためであった。タゴールが存命中には火曜日の夜（ここでは水曜日が休日で、火曜日が土曜日にあたった）、ウッタラーヤナ『北の館』（タゴールの住宅）の大広間に男女学生が集まって、タゴール列席の上、詩や劇の朗読を聴いたり、音楽学部の学生たちのインド音楽を聞いた。これが一週間で一番楽しい時であった。

学年は五月に始まり、一〇月の祭りの休暇があり、一二月末に年末年始の休暇が二週間あり、三月末から五月一〇日まで夏休暇がある。この学園は設備は貧しいが、教師はよく、タゴールをしたってきた者で、インド国内では有名で評判もよく、卒業生は尊敬されている。この学校についての詳細については『タゴールの人生論』（由良哲次訳、土田杏村解説、内外出版、大正一三年）における「わが学校」において述べられている。

一九二一（大正一〇）年、タゴールはサンチニケタンにヴィシュヴァア・バラティ（ヴィシュヴァ・バーラティ）という博愛と平和と国際知識を理想とする国際大学を創設した。タゴールは亡き妻の宝石・装身具さえもお金に換え、この学園の建設に投じ、休暇には舞踊、音楽の教師と学生とインド国内の大都市を巡業して募金を集めるのに奔走した。この国際大学は「すべての民族の精神的統一という理想に基づいて」（第九巻p.413）創立されている。タゴールはこの国際大学が「神聖な人間性を信じるすべての国の個々人、また人々によって、神聖な人間性にたいして示された残酷な不誠実への贖いをしようとするすべての国の個々人の大いなる邂逅の場になっていく」（第九巻p.413）ことを願った。この国際大学は友愛と同胞主義の理想が基本理念であり、そのためにこの大学にはさまざまな国の、さまざまな言語をもった者が集まっている。

タゴールは人間の精神的統一を信じて、この大学では科学自体の手助けでもって、運命をかけるような大冒険をする機会を少なくして、人間の世界に正気を取り戻すことを望んでいる。要するにこの世を錯綜した悪から救い出す方法は「科学が、われわれの生産の手段を単純なものにし、個人個人の巨大な貪欲を小さくする」（第九巻p.416）ことである。この世の錯綜した悪、つまり世界中に広がっている社会不安は、近代文明の精神的統一よりも、むしろ精神的無政府状態によって生じているのではないか。この社会不安の中において家庭はその存在価値がうすれて「ホテル」になり、社会生活は事務所の如く暗くよどみ、無味乾燥な雰囲気の中で窒息し、男も女も愛を恐れ、人々は自分の権利を主張して叫び、自分の義務を忘れている。そして幸福よりも快楽を、美の精神よりも誇示の精神を重んじている。

しかし、タゴールにとって偉大な社会を創造するのは「大きな理想」であり、この大きな理想を破壊するのはある盲目の情熱であり、「生きるための食物を生み出す間は、社会は繁栄します。飽くことのない自己満足で生命を焼きつくす時、それらは滅びます。人間を絶滅から救うものは、真理であって、物ではない（中略）真理の報酬は平和です。真理の報酬は幸福です。権力が存在して、その権力に関連する内的な真理が存在しない時には、人々は均衡をまったく失います」（第九巻p.417）と述べ、この国際大学は「真理の探求」が根本課題である。学校の人々はこのサンチニケタンの学園を「アーシュラマ」（プラマチャリ・アーシュラム）と呼んでいる。この「アーシュラム」は梵語で、バラモン僧の

『庵』を意味する。そこでのタゴールはグルデューヴァ（師の中の神）と呼ばれている。

タゴールは第二次世界大戦の最中、自分の理想が無残に裏切られる、深い失望と悲嘆に胸を痛めながら、一九四一年八月七日に淋しく世を去った。タゴールは「わたしはわたしの学校で、自分の夢を完全に実現できたと言うことができれば、どんなにかうれしいことだろう。わたしは自分の夢への初歩的な手引きをしただけのことであり、子供たちに自然を愛することができるようにお膳立てをし、それによって自然のなかで自由を見出す機会をつくってやったにすぎない」（第七巻 p.159）と思い出している。

インド独立後、サンチニケタンの学園はインドはもちろん、世界各国から学者や芸術家がタゴールの思想に共鳴して集まり、国立総合大学となり、豊かな国家予算で運営され、首相ネール（Nehru Jawaharlal、一八八九―一九六四）が総長になり、精神はよいが貧しく、経営の極めて困難だったサンチニケタンの学園は整った。

一九五四（昭和二九）年、ネールは一二月二三日に母校サンチニケタンのヴィシュヴァ・バラティの学長として卒業式（学園の野外のマンゴーの大樹の間に布が敷かれ、一段高い木の壇の上に長椅子が置かれ、その上にインド模様の画かれた天幕が張られている）に出席した。式は八時半に開始される予定であったが、兵士や警官が大勢出て警戒は厳重であった。それはガンディーが狂熱的なヒンドゥー教徒によって暗殺されたためであった。この卒業式に出席した平等通昭は、ネール首相について「知的だが温和な顔付で、面長がで額が広く、鼻が高く、目が落ち込み、典型的なアールヤンの容貌である。白いガンヂー帽をかぶり、ぴったり身についた褐色の上着と細い白いズボンをはき、黒いロイド眼鏡をかけたり、はずしたりしている。六尺豊かな長身だ。首相は少しも気どったり、芝居がかったヂェスチュアはせず、自然にふるまっている」(『タゴールの学園』p.132)と述べている。

西ベンゴール州首相ビー・シー・ローイの演説の後、ネール首相は原稿なしで話した。「その声は柔かで、深味があり、時々口ごもりはしたが、雄弁で引きつけるもの」(『タゴールの学園』p.133)で、演説は四〇分近くであったが、詩聖タゴール(グルデーヴァ=学園関係者たちはタゴールをこう呼称した)の徳と学園の創設の功績をたたえ、「大学は科学を学び究める所で、科学は国家の繁栄の為必要欠くべからざるものである。最近学校の師弟関係が疎遠になったが、サンチニケタンは『アーシュラマ』(隠仙の塾)の昔の伝統に従ってそうなってはならない。学校ではストライキやハタル(非買同盟=ボイコット)は排斥されねばならない。最近国家は他の国家と関係なく単独には存在出来ないものとなった。北米合衆国に起ったことはすぐに印度にも影響がある。然し印度はあくまで平和と中立を尊び望み、それを確保する為努力する。政府は最近国家の発展の為大きな計画を建てた。学生も之に参加して国家の発展に貢献して欲しい」という趣旨であった(『タゴールの学園』p.134)。

ネールの演説が終わると、聴衆は拍手ではなく、歓声の声を上げ、「我等(アマデラ)のサンチニケタン」という校歌を合唱して、式は終わった。式典終了後ネールはサンチニケタンの学園で、小学校の生徒が食事している中に割り込んで座って、小学生と話をし、身体に手をふれ、一緒に同じものを試食したので、サンチニケタンの小学生にはネール学長に親しみを感じたのではないか。その後あらゆる人々と引見する時でもネールはいやな顔もせず、一人ひとりが満足するインタービューに応えた。警官はガンディー暗殺の二の舞をしないようにネールの周りに集まった民衆をはばむのに必死であったが、ネールは一切構わず民衆の中に飛び込み、誰とでも話した。これはネールが半生を反英独立運動の渦中に過ごし、半生を牢獄の中で過ごした、その闘志の面目はこの民主的な気魄の中にうかがうことができる。

ガンディー(Gandhi Mahatma〈本名 Mohandas Karamchand Gandhi〉一八六九—一九四八)もタゴールのサンチニケタンとは関係があった。ガンディーの宗教思想の根本はアヒンサー(無傷害)であり、人類愛に基づく暴力否定こそ最も強い最後の勝利であると確信し、これが政治活動となって具現された。タゴールもカースト制度に反対なので、ガンディーもインド因襲の社会的制度（カースト）打破に鋭意努力し、不可蝕賎民（不浄の動物として扱われた）の解放を実践した。即ちガンディーは一九三四（昭和九）年には第二次非暴力・不服従運動の停止を宣言したが、その後も社会改良運動の先頭に立って活躍した。そこでガンディーは「予の理論の当否はどうであろうと、特殊種姓制度は理性にも慈悲・憐愍・愛情の本能にももどるものである。牡牛崇拝を樹立した印度教は残酷にして非道な人間の社会的ボイコットを決して奨励し、保障するものでない。抑圧された階級を排斥するよりは、予は寧ろ吾身を寸断された方がよい。印度教が特殊種姓という汚辱を保存し、かくして彼等の宗教を冒瀆して居る限り、彼等は断じて自由を得ることは出来ない。予は吾生命にも勝って印度教を愛するものなるが故に、上述の汚辱は予にとって真に堪え難き重荷である」（『タゴールの学園』p.160）と叫んで、世界に不滅の精神、不撓不屈の不死身の活動を示したのではないか。ガンディーはタゴールの追随者として数年間タゴールのサンチニケタンに住んで、タゴールの農村改良事業に従事しようとしたのではないか。

Ⅴ　タゴールの海外旅行を通して

旅行好きの父に連れられて、タゴールは父にある日ヒマラヤに行きたくないかと問われ、「ベンガル学院」を中断してヒマラヤにはじめて旅行に出かけた。その時はじめてタゴールは「人生で初めて、自分のために作られた洋服一そろいを得た」（第十巻p.66）。タゴールはこのヒマラヤ旅行の帰国後多くの自由を得て、召使いの支配は終局に至り、多くの点で、学校生活の束縛もかなり弛んだ気がしたし、家庭教師も重要視しなくなった。しかしタゴールの心の中には不安、緊張だけがふつふつと湧き立っていた。

タゴールは一八七八（一七歳）年に法律を学んで弁護士になるためにイギリスに渡ったが、この気持ちはなえて、詩人としての道を兄嫁によって開かれた。このイギリス滞在中タゴールは『沈んだ小舟』『破れた心臓』という詩を書いている。二回目のイギリス旅行が企てられたが、タゴールは渡英を拒否してマドラスで下船してカルカッタに戻っている。その後タゴールは国内の旅行を父や兄たちと一緒に行っている。

五五歳のタゴールは世界巡礼の地として日本を選び、一九一六（大正五）年五月二九日に神戸に到着して、六月五日に上京、東京帝国大学、慶応大学でいくつかの講演を行った（前述）。日本滞在中にタゴールは『日本紀行』（日本の旅）という日本印象記を書いている。タゴールは日本を愛していたので、その後一九二四（大正一三）年、一九二九（昭和四）年、さらに二回目と三回目には日本からアメリカ・カナダへと向かい、その帰路においても日本に立ち寄るという、事実上五度も日本の土を踏んでいる。

タゴールは六六歳の時、一九二七（昭和二）年七月一二日にマドラスから近隣国への巡礼の旅に出発し、シンガポール、マラッカ、クアラルンプール、イポー、ペナンとマレー半島で講演し、タゴールの創設した国際大学（ヴィシュヴァ・バラティ）の理念を説き、経営難の資金援助を訴え、行く先々で聴衆を魅了し、政府から熱烈な歓迎を受け、その後ジャワ島、バリ島を訪問する。特にバリ島ではくつろいで二週間を過ごし、島の舞踏劇や伝統芸術の美しさに感嘆し、ヒンドゥーの文化と風習の影響が色濃く残っているのを見てよろこんでいる。一九二七年七月から一〇月にかけて歴訪した旅先での書簡集『ジャワ紀行』を記している。

タゴールはヨーロッパ旅行中の一九二六（大正一五、昭和元）年（六五歳）にソヴェト政府からの招待を受けたが、健康上の理由で断り、一九三〇（昭和五）年（六九歳）に再びソヴェト政府からの招聘で念願の訪ソが実現した。しかしインドの友人は訪ソを思いとどまらせようとソヴェト社会の否定的な側面のみを吹聴し、見せられたのは「店頭装飾にすぎない」と注進されたが、タゴールは革命後のロシアが多民族、多言語、さらに民衆の貧困や文盲など、インドがかかえている共通の問題をどのように解決しようとしているかを自分の目で確かめようと訪ソを強行した。一九三〇年九月一一日にモスクワに到着し、翌日からの歓迎会、孤児院訪問、映画協会見学、農民の家の視察などのスケジュールをこなし、農民、労働者と学生と直接対話を交わし、新ロシアの息吹きを感じたのではないか。このソヴェト旅行においてタゴールは『ソヴェト通信』を著している。

二度と再び海外旅行に出かけることはないだろうと、少し寂寥の思いの中、一九三二（昭和七）年にタゴール（七一歳）は、ペルシア国王リザー・シャー・パハレヴィーからの招聘状が届くや否や、体力の衰えにもかかわらず、父がこよなく愛読し、タゴール自身も親しんできたペルシアの大詩人ハーフィズとサーディの故郷を訪れてみたいという多年の思いを果たせるよろこび一杯で、四月一一日に、長男ロティンドロナト（一八八八―一九六一）の嫁プロティマ・デビ（一八四三―一九六九）を伴って、空路イランへ旅立つ。イランでは都市ブシールで大歓迎を受け、首都テヘランに向かう途中、詩人ハーフィズとサーディの生地シーラーズに立ち寄り、シーラーズ郊外のハーフィズの墓に念願の墓参、花と水を捧げた。ハーフィズ（Hafiz Shirazi　一三二〇頃―一三八九年）はイランの抒情詩人で、作品は概ね神秘主義的抒情詩で、彼によりペルシアの抒情詩（Ghazal）は完成。『ハーフィズ詩集』は近代ペルシア文学の最高峰であり、ゲーテにも影響を与えた。サーディ（Sadi Shirazi　一一八四頃―一二九一年）はイランの詩人で、インド、中央アジア、北アフリカ、小アジア等のイスラム諸国を遍歴、メッカ巡礼一四回、『果樹園』『薔薇園』は教科書、実践道徳の書として諸国語に翻訳。神秘主義修道者として隠棲し、生地シーラーズで没する。

シーラーズにタゴールは一週間滞在している。シーラーズから車で砂漠を通過して、ペルセポリスの遺跡を見学し、四月二九日にテヘラン到着。ここに二週間滞在し、この間に国王から丁重な招待を受け、いろいろな所で講演を行い、五月六日には市民による盛大なタゴールの誕生祝賀会が催され、「私の周りはいろいろな色の春の花、特に薔薇(バラ)の花で埋まってしまいました。さまざまな贈り物も来ています。当地の政府からは一つのメダルとそれに付随した褒状とをもらいました。そこで私は友人たちにこう言いました。『私は最初自分の国に生まれましたが、その日はただ親族だけが私を受け入れてくれました。その後君たちが私を受け入れてくれた日は、私がすべての国に生まれた日となります――つまり私は二度生まれの人間です』」（第十巻p.570）と述べ、新聞はタゴールを「東洋の空にかがやく巨星」と書きたてた。この滞在についてタゴールは『ペルシア紀行』を書いている。

一九三二（昭和七）年、テヘラン滞在中に隣国イラクのファイサル国王からの招待により、五月一八日には国境を越えてバクダートへ向かい、バクダートで国王と両国の民族の完全独立について長時間議論をしている。一九三二年六月三日タゴールの一行は機上の人となり、カルカッタに帰国。タゴールはイラン・イラクの旅を最後に再び海外を旅することはなかった。

日本の新教育運動の嚆矢としての石川啄木

国立国会図書館「近代日本人の肖像」
(https://www.ndl.go.jp/portrait/)

〈生没年〉

明治一九年（一八八六）二月二〇日

〜明治四五年（一九一二）四月一三日

〈主な作品〉

『一握の砂』『あこがれ』『悲しき玩具』など

日本の新教育運動の嚆矢としての石川啄木

I 序

師範学校も出ず、しかも中学校中退で、故郷の渋民尋常高等小学校での一年、函館の弥生尋常小学校での三カ月の代用教員しか経験していない石川啄木を「教師」として評価してもよいかという疑問がわかないでもない。しかし教育の素人であった石川啄木が当時の軍国主義的な上からの教育に対して正面から立ち向かい、教育を子ども（国民）の手に取り戻そうとする新教育運動、つまり「子どもから」の教育の嚆矢的な役割を演じているという点から、石川啄木を「日本一の代用教員」と見なしてもよいのではないか。

Ⅱ　教育への憧憬

啄木は教育に関しては全くの素人で未経験者であったが、いつかは教壇に立ちたいという意識を持っていたことは、啄木の若い時の愛読書にトルストイ関連のものがあったのを見てもわかる。トルストイも教育に関しては全くの素人であったが、国民教育の問題に大きな関心を抱き、自分の領土内（ヤスナヤ・ポリヤーナ）に学校をつくり、あくまでも子どもの本性を尊重する自由教育の立場から教育を行い、教科書も編集して、毎週の決まった週案もなく、自身の考えに基づいて授業を進めていた。このトルストイに啄木が関心・興味を抱いたのは当然である。

「自分は今迄無論教育といふ事について何の経験も持つて居ない。然し教育の事に一種の興味を以て居たのは、一年二年の短かい間ではない。再昨年のあたりから、一切を放擲して全たく自分の教育上の理想の為めにこの一身を委せやうかと思つた事も一度や二度の事ではなかつた」（『石川啄木全集　第五巻』※以下、第五巻と記す　p.94）とか、「故郷の事にては、この呑気の小生も懊悩に懊悩を重ね煩悶に煩悶を重ね、一時は皆ナンデモ捨て、田舎の先生にでも成ろうとも考へた位」(『石川啄木全集 第七巻』※以下、第七巻と記す p.86)と金田一京助に胸中を吐露している。

啄木は一九〇五(明治三八)年五月一二日に堀合節子と結婚し、新居を盛岡に構える。家族構成は「双親と小妹と愛妻」の五人であった。啄木は同年八月には健康を害し、さらに友人すべてが啄木のまわりから去り、四方八方塞がり、わずかに新妻節子の援助でもってその日その日を切り抜けるのがやっとという経済状況に陥っていた。啄木自身も生きるか死ぬかというような不健康を蒙り、この時のことを「私、二つの敵あり、貧乏には(中略)不健康には(中略)枕の上より天井のフシ穴数へる日」(第七巻 p.101)が多くなり、この中においても啄木は旺盛な文芸活動を繰り返すが、この二つの敵に打ち勝てず、貧窮の極に至り、しかも極度の腹痛や頭痛に悩まされ、この経済状況を脱するために、一九〇六(明治三九)年三月四日盛岡から故郷渋民村に母と妻と一緒に帰郷する(妹は盛岡女学校の教師に託し、父は野辺地の常光寺に寄寓する)。

帰郷した渋民村は、啄木にとっては「家並百戸にも満たぬ、極く不便な、共に詩を談ずる友の殆んど無い、自然の風致の優れた外には何一つ取柄の無い野人の巣で、みちのくの広野の中の一寒村である。(中略)渋民は我が故郷(中略)地球の上で最も自分と関係深い故郷であるからだ。(中略)故郷は、いはゞ、神が特別の恩寵を以て自分の為に建てられた自然の大殿堂である。（中略）この世のいとも安けき港！　その安けき港に今日から舟がゝりする身と成つたのだ」（第五巻p.63）と、ようやく身も心も安らぐ境地を得た感、つまり「安心した様な、気がぬけた様な……」（第五巻p.64）心穏やかな状態にあった。

同年西園寺内閣が誕生したが、この内閣は国家主義的な政策を強行し、教育においても、教育勅語を中心とする忠君愛国を押しつけ、軍国的な教育を強制した。啄木はこの教育政策に対し反抗精神から、特に渋民村の農民救済に身を投じようと一大決心し、そのために教職に就こうとした。特に小学校の教員になることを心に決めていた。何故、小学校の教育者になることを決意したのかは、啄木にとっては、農民救済を実践するためには、先ず農民自身の意識改革を行うべきであると考えたのではないか。同じように、教育改革を行うためには、教育を国民の手に取り戻すためには、さらに平和教育を確立するためには、より遅い教育においてはそれを実践することは不可能であると考えて、先ず、「小学校」の教育を改革すべきであるという考えが、啄木の中にあったのではないか。この点において啄木は教聖ペスタロッチの教育精神に通じている。啄木は金田一への手紙にあるように「田舎の先生にでも成ろう」と考えたことを実現するために、妻節子の父堀合忠操を通じて、その友人である郡視学・平野喜平に小学校への就職を願い出る。啄木は帰郷初日から、「手足が真黒でも、来る度半風子（しらみ）（虱）」（『石川啄木全集　第六巻』※以下、第六巻と記す

p.357）を身につけている子どもと遊んでいる。その子どもは啄木にとっては「弟」であった。子どもに何か話を聞かせると、子どもはいろいろな質問をし、啄木はその質問に対して腹をかかえて笑った。この点においても子どもにいつも囲まれ、子どもの笑顔に包まれていたペスタロッチと啄木は同じである。

啄木が子どもと共にあるのは「一体自分はよく小児らに親まれる性と見える。そして自分も小児らと遊ぶのが非常に楽しい」（第五巻p.66–67）と告白し、さらに「彼等の為めに毎日二時間や三時間を費しても、些の惜む所はない。今の世に自然のまゝの飾気ない心情を持つた者を尋ぬれば、無学な農圃の野人と小児の外には無いのだ」（第五巻p.67）と、子どもと共にあることに全く時間を費やすことを惜しんでいない。何故に啄木がこのように子どもと共にあることに心を砕いたのか。それは同年年末に我が子（京子）の誕生があったからではないか。啄木の我が子の誕生の際の喜びは体全体にみちあふれ、「『若きお父さん』となりたるなり。天地に充つるは愛なり。予は此日の心地を、いかなる語を以ても表はす事能はず。嬉しさに立つても臥ても居られぬ様なりき。心の底がうすら痒（か）ゆき様なりき。喜びの知らせのハガキ十五枚かきぬ」（第五巻p.123）、「あゝ明治三十九年十二月卅日（第八巻p.534には十二月二十九日に京子は生まれるとある）、石川啄木は京子の父となりぬ」（第五巻p.124）、さらに明治四十年一月一日は「人一人の父と呼ばるる身となりての初めての新年、我が二十二歳の第一日は乃ち今日なり。父一禎、五十八歳。母かつ子、六十一歳。妻せつ子、二十二歳。妹みつ子、二十歳。子京子、生後四日」（第五巻p.129）と記している。また明治四十年一月五日に「京子の出生届を村役場に出す。元日午前六時出生の事に」としている（第五巻p.133）。但し届名は「京」である（第八巻p.534）。また京子に関して「生れし子は大きくして美しく、むさぼる如く新乳を飲めり」と一人の父親としての我が子に対するいとしさをおもてに、直接的に表わしている（第五巻p.131）。啄木は、しかし、生まれてくる子が男の子か女の子かわからなかったが、普通の父親と同じように、生まれる前から、我が子に対してあれやこれやと思案して、父親になることの嬉しさを隠しきれない心境を発露している。即ち「『京』の字、みやびにして優しく美しし。我が友花明金田一君は京助といふ名なり。この友の性と心と、常に我が懐かしむ処なれば、その字一つを採るもいはれ無き事にあらじ。若し生れしが男なりせば、尾崎学堂先生の名を襲ひて『行雄』と名づくべかりしが」（第五巻p.132）といろいろ思案しているが、生まれたのは女の子であったので、「京子」という名前を妻せつ子と共に選んでいる。

また啄木は、人間が「成人するとは、持つて生れた自然の心のまゝで大きい小児に成るといふだけの事だ」（第五巻p.67）、「大きい小児を作る事！　これが自分の天職だ」（第五巻p.68）という考えがあったし、さらに究極的には当時の教育が子どもの「持って生まれた小児の心をスッカリ殺し了せ」ていることが、啄木を子どもと共に生きる「日本一の代用教員になる」ことを決意させたのではないか。啄木は幼稚園創立者フレーベルの『人間教育』の「児童神聖論」、及び子どものほほえみの中に子どもの神聖性があることを自覚していたのではないか。啄木は子どもの純心無垢な、生のままの心をどこまでも伸ばそうとしたのである。

啄木は小学校教員に就任する前にたびたび小学校を訪問し、オルガンを弾いて、少しでも早く子どもと交わりたいと考えた。渋民村の子どもは貧しい農村の子どもで、朝生暮死の虫けらと同然であるが、「世の中で頭脳の貧しい人だけが、幸福に暮らして居る」（第五巻 p.69）と、この故郷の住人になったからには、住人と同じ平安・幸福を得ようとしたのではなく、あくまでも心の富のために、不断に戦い、苦しみ、泣かなければならないのが運命だと啄木は感じていた。啄木は毎日子どもと共に遊ぶことについて、「自分も小児らと遊ぶのが非常に楽しい」（第五巻 p.66-67）と言っているように、お金を稼ぐために精神的にも肉体的にもボロボロになった毎日の文芸活動を忘れ、渋民村に帰郷しての一週間の心境について「たゞし以前と変つたのは心の非常に穏かになつた」（第五巻 p.70）と告白している。このように啄木にとって、子どもと遊ぶことは生活教育者の不可欠な資質であった。フレーベルの「遊ぶ」ということが子どもの成長に大きな影響があることを啄木は知っていたのではないか。

教員になる前の心境についても、与謝野鉄幹に「来る四月より当村小学校に教鞭をとる筈に相成居候。月給八円の代用教員！　天下にこれ程名誉な事もあるまじく候が、これは私自身より望んでの事に御座候。但し、自己流の教授法をやる事と、イヤになれば何時でもやめる事とは、郡視学も承知の上にて承諾せしのに候へば、私の姓名の上に、渋民尋常高等小学校代用教員（月給八円支給）といふ肩書のつく間が、数ヶ月なるか、数ヶ年なるか、私にもわからず候へども、とにかく私はこの機会を以て、天真なる児童の道徳、美、乃至宗教に対する心理を、ある目的のために出来るだけ仔細に研究して見るつもりに御座候。私もこの故郷の狭き天地にありては、案外の信用もあり勢力もあり、たとへ俸給と席次が末席でも一村の教育に就いては、思ふまゝになる次第、あまり自慢にも成らぬ話に候へども、私に教へらるゝ児童は幸福なることゝ信じ申候。小児と遊ぶが大好きの私、何はともあれ、教壇に立つの日を少なからぬ興味を以て鶴首いたし居候」と伝えて（第五巻p.71-72）、教員になることほど嬉しいことはないし、またこれほどうらめしいこともないという気持ちを抱き、教育への情熱を持ち、教師生活を自分の天職と考えている。これは教職に就く一ヵ月前の気持ちである。

さらに一ヵ月後の気持ちを五月十一日の小笠原謙吉に、教師としての日課と明るい見通しについて「か〻る境にありて、我が唯一の楽しみは、故山の子弟を教化するの大任也。小生は蓋し日本一の代用教員ならむ、兄よ、願くはこの小さき自負を公言するをゆるせ、朝起きて直ちに登校す、受持は尋常二年也、十分休み毎には卒業生に中等国語読本を教ふ、放課後は夕刻まで英語の課外教授をなす、一日自分の時間といふものなし、夜は種々の調査、来客等に忙殺せらる、《二へつゞく》。㈡又、時々近隣の女生徒を集めて、作文の教授をなすことあり、我が談話をきかんとする青少年の来襲に逢ふことあり。兄よ、かくの如きは乃ち我が現在の日課なり、我が在職は蓋し長からざらむ、しかも我は、その長からざる間に於て、十分に人格的基礎を有する善美なる感化を故山の子弟が胸奥に刻まむことを期す。これ詩人たる予の本能的要求なり、これ実に何らの報酬をも予期せざる我が心霊の希望なり、而して兄よ、予はこの希望の実現を確信せざらむと欲するもえず、予は就職以来日猶浅し。しかも誰かまた予の如く生徒の心服を買ひうるものぞ、予が就職以前の杞憂は、放浪に慣れたる予が、果して中途にして倦怠に陥らざるをうるや否やの問題なりき、而して現在の心配は、予は果して予定の一ヶ年位にてこの神聖なる教壇を退きうるや否やの問題なり、兄よ、詩人のみよくひとり真の教育者たりうるには非ざるか」（第七巻p.117-118）と述べている。

啄木は就任前にもかかわらず、卒業式に参列し、子どもと一緒に「蛍の光」を歌った時、

「自分はたゞもう嬉しいやら昔恋しいやらで、涙も出る許り可愛く思つた」（第五巻p.82）とその時の感激に咽び、自分が昔知識の光を浴びたこの学校の教員に就くことを非常に待ち遠しく思っていたからこそ、何度もこの学校に足を運んだのではないか。だからと言って啄木の心の中には二つの揺れ動く心があった。啄木にはこの聖職という教職に一生涯就くことは頭にはなく、文芸活動に何時かは戻る気があったからこそ「自分が代用教員に成るといふのは、無論一生を教育界に投ぜんとするのではない」（第五巻p.83）としているが、一方では明らかな意図、目的をもって教育界に入っている。

この故郷の貧しい子どもたちに「この村に居る間、児童の心理も研究して見たし、また旁々故山の子弟に幾分なりと善良なる感化を与へてやりたい」（第五巻p.83）として、何にも八円という月給を得るために学校の先生に成ろうとしなかった。啄木の教育の目的、意図は、要するに当時の軍国教育を排して、農村救済を介して平和教育を実現することであった。啄木はそのためには「学校は実に平和と喜悦と教化の大王城である。イヤ、是非さうせねばならぬ」（第五巻p.95）と主張している。啄木は教育の理想的な最高の目的は「天才を養成する」ことであるとした。この「天才」は「人間らしい人間」を意味している。当時の教育は「天才を殺して平凡なる人形を作つて居る」（第五巻p.88）。要するに天才を殺して、凡人といふ地平線に転がっている石塊のみを作ろうとしている。したがって当時の教育は天才を殺す断頭台なりさがっている。「今の世に於て、人が一人前になるといふ事は、持つて生れた小児の心をスッカリ殺し了せるといふ事である」（第五巻p.67）。要するに日本の教育は子どもをミイラ化し、生のないものとしていると、当時の教育を切り捨てて、教育を改革することであった。啄木は「この渋民を理想郷に改善して、世界の偉人天才を皆自分の家に集める」（第五巻p.91）ことであった。

Ⅲ　渋民の気質

啄木はこの村の子弟に何か悪からぬ感化を与えること以外何一つ野心を持っていなかったにもかかわらず、元々没交渉であった村人によって行動すべてを監視され、蛙の面に水かのように、村人には常に表裏ある待遇を受け、全く嫉視の的になっていた。啄木は面と向かっては分外の敬意を払われ、他方では邪魔者にされた。この邪魔物がブラリと故郷に舞い戻り、何をするかが全く見えず、貧乏であるにもかかわらず、頭を低くして他人の門を叩くこともなかったし、かつては神童と呼ばれていた啄木に対する妬みが噴出している。さらに啄木が帰郷する際には際疾い策を施して啄木の帰郷を妨げようとする村人もいた。役所においてある地位に就いている者はその地位を脅かされるのではないか、また啄木が遠からずして渋民村の小学校で教鞭をとるかもしれないという噂もとびかい、このような噂さえ、村人には一つの危険が切迫しているように解されている。これらからして渋民村の各方面の主領が啄木の家を訪れ、啄木が何を考え、何を行おうとしているのかを探ろうとするほど、啄木は渋民村にとっては危険人物、危険な間者であった。しかし啄木はこのようなことは笑止な話として聞き流している。

故郷の自然はいつも親友であったが、故郷の人間は啄木にとってはいつも敵であった。特に村の要職にあった者でさえ、陰に陽になって啄木が教職に就くことに反対していたことを「今年（一九〇六〈明治三九〉年）の三月、予が盛岡の寓を撤してこの村に移らむとした時、彼等はいかにもして予を閭門に入れまいとした。然し予は平気で来てしまつた。予が学校に奉職しやうとした時、彼等は狂へる如くなつてこれを妨げた。然し予は勝つた。（中略）予が呑気に昼寝をして居る間に、郡視学が決めてくれたのだ。決めてくれる筈だ、郡視学自身も予を恐れて居るのだもの。かくて彼等は怒つた。種々なる迫害を加へやうとした。（中略）父が帰つて来て、宝徳寺再住の問題が起るに及んで（中略）我が一家を閭門の外に追ひ出さうとするのが、彼等畢生の目的であつた」（第五巻 p.100）と述べている。

Ⅳ　教職に就く

1 岩手郡渋民尋常高等小学校赴任

この苦境の中にあって、一九〇六年四月七日村役場から学校へ出るのがいよいよ決定するので履歴書を提出せよとの呼び出しがあり、四月一三日村役場に出頭して、「本日左ノ任命アリ　石川一　岩手郡渋民尋常高等小学校尋常科代用教員ヲ命ズ　明治三十九年四月十一日　岩手郡役所　石川氏任命ノ旨申出タレバ明日ヨリ出勤ノ事ヲ命ジタリ　遠藤校長」という辞令を受け（『石川啄木全集　第八巻』※以下、第八巻と記す　p.533）、啄木は翌一四日から勤務している。「四月十四日本日石川代用教員出勤授業セリ高橋準訓導石川代用教員ノ送迎式ヲ挙行ス　秋浜訓導」とあり、啄木は教職員に歓迎されている（第八巻p.533）。当時の尋常高等小学校は「遠藤忠志校長以下教員四名生徒二百八十三名（高等科六十八名尋常科二百十五名）で、啄木の受持は尋常科第二学年であった」（第八巻p.533）と記述されている。

啄木自身は当初高等科の担任を希望した。その理由は「単に読本や算術や体操を教へたいのではなくて、出来るだけ、自分の心の呼吸を故山の子弟の胸奥に吹き込みたい」（第五巻p.95）、それに適した年齢は高等科の一二歳から一五、六歳で、「人の世の花の蕾の最もふくよかに育つ時代で、一朝開華の日の色も香も、——乃至は、その一生に通づる特色といふもの、——多く此間に形作られる」（第五巻p.95）と述べている。この担当は当分不可能であった。しかし啄木は尋常科第二学年の教壇に立った。

その時の心境について「尋常科の二年といへば、まだホンの頑是ない孩提に過ぎぬので、自分の心の呼吸を吹き込むなどゝいふ事は、夢にも出来うる所でない」（第五巻p.95）と語っているが、啄木は純朴な子どもを前にして教壇に立った心について、「怪しくも抑へがたなき一種の感激に充たされるのであつた。神の如く無垢なる五十幾名の少年少女の心は、これから全たく我が一上一下する鞭に繋がれるのだなと思ふと、自分はさながら聖(たふと)いものの前に出た時の敬虔なる顫動(せんどう)を、全身の脈管に波打たした。不整頓なる教員室、塵埃にみち〳〵たる教場、顔も洗はぬ垢だらけの生徒、あゝこれらも自分の目には一種よろこばしき感覚を与へるのだ。学校は実に平和と喜悦と教化の大王城である。イヤ、是非さうせねばならぬ」（第五巻p.95）と告白している。

教員は盛岡師範出の、朝鮮風な八字髯を生やした、先ずノンセンスな人相の標本といったような遠藤忠志校長、この村の人で三〇年も同じ職に勤めている検定試験上がりの訓導秋浜市郎先生、盛岡師範女子部出身の友・上野さめ子先生（上野先生はこの年の九月に転勤するので、同じように盛岡師範女子部出身の堀田秀子先生が赴任する）、そして啄木の四人で、その他に小使いさんがいた。上述した如く生徒数は尋常科二一五名、高等科は六八名（但し高等科は啄木在学中はなく、卒業三年後に設置されている）、合計二八三名であった。啄木の担任した尋常科二学年六〇名余りも、一九〇五（明治三八）年に東北を襲った凶作の影響があったのか、女子の欠席率が顕著であったが、啄木は早朝より起床し、教壇に立ち、生徒個々の性質などを徐々に把握しようとする。このような気持ちを持った啄木の授業は、子どもを可愛いと思う心情を体全体にあふれさせていた。

啄木と子どもとの関係は、例えば教聖ペスタロッチの『シュタンツだより』の中で述べられているように、「ペスタロッチの目には子どものすがたが、子どもの目にはペスタロッチのすがたしかうつらなかった」如く、啄木の目には子どものすがた、子どもの目には啄木のすがたしかうつらなかったほど明るい教室であったのではないか。このような教室においては啄木は子どもと共に泣き、子どもと共に笑ったのではないか。したがって啄木の教室は日本一明るい教室であったと思われる。四月二一日は初月給日にもかかわらず、俸給金が村役場より出なかった。その原因は、昨年の凶作の影響もあって村税未納者が多く、村費が全くなかったためである。同日学校を欠勤して徴兵検査を受け、筋骨薄弱で丙種合格だが、徴集免除になり、四里の夜路を徒歩で帰宅、翌日痛い足を引きずりながら、頭脳の貧しい教員が集まっての郡教育会部会に出席し、時間の無駄使いを嘆いている。

数日間の学校生活は、啄木には「一切の不平、憂思、不快から超脱した一新境地を発見した。何の地ぞや、曰く、神聖なる教壇、乃ちこれである。（中略）自分は極めて幸福なのだ」（第五巻p.98）と教壇に立った感激を語り、啄木は非常な幸福感に浸っているが、啄木の唯一の心配事はこの教職という職を予定していたように一年位で去ることができるかどうかであった。啄木は赴任早々自分の不注意で一週間ぐらいの怪我をして、右足が自由に立てなかったが、一日たりとも休む気は起こらなかった。それは「生徒が可愛いためである。あゝこの心は自分が神様から貰つた宝である。余は天を仰いで感謝した」（第五巻p.98）と述べている。

遠藤校長は啄木の高等科の授業を持ちたいという希望を受け入れて、啄木は一学期には一〇分間の休み時間に卒業生（高等科の生徒）に中等国語読本、放課後は夕刻まで時間割を無視して二時間から三時間位続けて英語の課外教授を行っている。生徒は少しも飽きる様子を見せず、わずか二日の教授で、中学校での二週間ぐらいのものを教えている。集まった（授業を受けた）生徒は最初は二一名、翌日は二四名、二三日は二七名であったが、その数は日を追って増えていった。さらには時々近隣の女子生徒に作文の教授も行っている。二学期には男女二〇名余りに自宅を開放して朝読を始めている。子どもは我先にまだ夜が明けないうちから集まり、前夜遅く寝た時でも、啄木は暗いうちから起こされているが、啄木は子どもに善良なる感化を与えたいという意識が働き、少しも気にならず、むしろ子どもの清い、尊い心に思いを馳せ、子どもの純粋無垢な心に感謝の念で一杯で、朝早くから飛び起きて、子どものやる気に乗せられている。

2 岩手郡渋民尋常高等小学校（一学期・明治三九年）

学校においても高等科の地理、歴史と作文を教えている。このことからして啄木は「代用教員として成功しつゝあるのだ。この一事は予をして少なからず満足させた」（第五巻p.113）と教員としての生活に満足している。さらに「自分の呼吸を彼等の胸深く吹き込むの喜びは、頭の貧しい人の到底しりうる所ではない」（第五巻p.98）とか、友人小笠原氏への手紙において「かゝる境にありて、我が唯一の楽しみは、故山の子弟を教化するの大任也。小生は蓋し日本一の代用教員ならむ（中略）かくの如きは乃ち我が現在の日課なり、我が在職は蓋し長からざらむ（中略）その長からざる間に於て、十分に人格的基礎を有する善美なる感化を故山の子弟が胸奥に刻まむことを期す」とも述べている（第七巻p.117）。このような学校生活を啄木が心底喜び、感激したのは「今迄精神に異状ありとまで見えた一悪童が、今や日一日に自分のいふ通りになつて来たことである」（第五巻p.99）。

啄木の指導案、方法、時間割などの特徴については、当時は国定教科書が使用され、国家主義で、教授細目に定められた画一的な教育が強制されていたが、啄木は文部省が規定した教授細目は「教育の仮面」（第五巻p.99）と考え、自分の教育理念に基づいて創案した教案（指導案）で自由な題材で教育を実践（例えば平和、農村救済、農村改革など現在の「総合的な学習の時間」的な授業を行っている）し、方法も、したがって既成の形式、つまりヘルバルト学派の教授方法が全盛であったにもかかわらず、独自の方法を採り、故郷の子どもの生活に即した、即ち教育即生活という、デューイの教育に先立つ方法を採っている。時間割についても先述したように高等科の課外授業（英語）では二時間も三時間も連続して授業を行っている。

啄木自身の周りでは父の宝徳寺再任運動が再興し、石川家に対する陰謀が企てられ、何としても石川家を渋民村から追い出そうとしていた。啄木にとっては村一番学識があり、理想もある村の役場の助役である畠山亨が、群犬の奸悪極まる謀計によって辞職に追い込まれたのはかなりのショックであったので、啄木は「狂へる如くなつた。一夕校長を捉へて、気味悪い嚇し文句を三時間も述べた」（第五巻p.101）。この嚇し文句を察知した敵方は秘密会議を開いたが、啄木が盛岡の新聞社と関係があり、郡役所や県庁に友人や親戚の者がいることから、表だって嫌がらせ行動をとることはせず、例えば校長や村土着の訓導などは変心して、啄木を下にも置かぬお世辞を言って、啄木を怒らせないような態度をとりながら、陰に回っては啄木自身のみならず、石川家を村から追い出そうと策略をめぐらせていた。

このような学校生活ではあるが、八円という薄給では一家五人の糊口をしのぐことはこの世で最も至難なことで、啄木は毎月上旬役場から前借りしている。啄木は「此点に於て極めて不幸な境遇にある。実は予は不幸だ。或はこの不幸は自分の一生の間続くかも知れない」（第五巻p.104）と嘆いている。このような苦境の中、啄木は精神的・肉体的に疲労困憊の極に達し、教職に就いて以来一ヶ月後、不快を覚えて教壇に立てず、一日中戸を閉めて嬾眠をむさぼっている。要するに啄木はこの一ヶ月を子どものため、村民のために不眠不休の超人的な教師生活を続けてきたのではないか。六月一〇日から田植のために学校は二週間の農繁休暇に入ったために、啄木は一人で上京した。

最初の気持ちは渋民村の事情から一家を東京に移そう（教職を辞する）と考えたが、東京は本を多く読む者には適してはいるが、田舎育ちの人間の生活に適した場所ではなく、

「何も利益はない。精神の死ぬ墓」（第五巻p.101）であると考え、啄木は「大革命の計画」のために準備する決意をもって渋民村に帰郷した。だが渋民村に足を踏み入れた時、四、五人の子どもを見た時には、一〇日間余り忘れていた「或る高潔なる感情の遽かに泉の如く胸に湧くを感じた」（第五巻p.102）と、あくまでも啄木は子どもの顔を見ると、「教師」の顔になっている。

休暇明け啄木は学校に出校し、日が暮れると可愛い女の児に誘われて蛍狩りに行っており、七月一九日から校舎修理のために四日間休暇、啄木は疲れた体を癒すのに好都合であったが、相変わらず石川家は赤貧の極にあった。七月三一日の心境についてでは、「学校は第一学期の最終日となつた。僅か一月ではあるが、自分が平生の指導した事が、この間に破れはしないかと思ふと、何となく生徒に別れたくなかつた」（第五巻p.104）と述べて、担任した尋常科の生徒や高等科の生徒が自分の教えたことを忘れはしないか、あるいは生徒が自分を忘れはしないかと心配して、生徒との一ヶ月近くの別れを惜しんでいる。

3 岩手郡渋民尋常高等小学校（二学期）

夏休みに入るとすぐに啄木を学校から追い出す卑劣な手段、ありもしない嫌疑を掛け警察に呼び出したり、裁判所へ引き出し、検察局に出頭させて啄木を苦しめ、溜飲を下げたのではないか。つまり啄木は村の一派から敵視され、「噫、嫉み！　妬み！　ツマラヌ事だ、と許り感じて居たのだが、寺問題やら党派心やから、遂彼等は皮肉なる計画によつて予を陥れんと企てたのだ」（第五巻p.105）と考え、村の住民を「実に憐れなる人々」と呼んでいる。まだ心の余裕はあったのだが、啄木を一層憤慨させたことは、啄木は「狗盗（くとう）（こそどろ）の真似をする」（第五巻p.106）と言いふらし、どこまでも蛇の企みをめぐらし、石川家を陥れようとしたことだ。しかし啄木はこのような卑劣な行為に対して決して大復讐をしようと思うほど賤しい人間ではなく、ただ笑って、悲しくなるばかりで、「故郷！　故郷の山河風景は常に、永久に、我が親友である、恋人である、師伝である。然し乍ら、噫、何故なれば故郷の人間はしかく予を容れざらむとするのであらう。（中略）すぐにもこの村を出やうかと考へた。然し、また、嬉しき景色、嬉しき人、嬉しき事の数々をかぞへ来ては、自分は矢張この、世界にまたとなき渋民を遽かに離れる事が出来ぬ様にも感ぜられる」（第五巻p.106）と胸の苦しい思いを発露している。

啄木をこのような寂しい気持ちを一掃し、感激させたのは、当時先生や生徒は決して踊ってはならないという決まりがあった盆踊りである。盆踊りは一年中で最も楽しいものでもあるし、生徒は気持ちよく踊るべきであると教え、啄木はある女の子から借りた「女の単衣に唐縮緬の帯、編笠を被つて深更まで踊つた」のだった（第五巻p.108）。しかも啄木や生徒の踊りを見た村の古老が「先生が踊る様になつてから、この村の踊が盛んになつた」（第五巻p.108）と言ってくれたことで啄木は嬉しさを一層増している。二学期早々啄木は盂蘭盆会において五日間連続して踊り続け、九月中は毎日朝早くから平田野に茸狩りに行き、子どもが学校に来る頃に心地よい朝日の光をあびて、茸一杯の竹籠を腰にして帰り、また放課後には美しい教え子一人二人と一緒に平田野に行くのが日課であった。

一〇月のはじめに学校で大きな事件が生じた。啄木の親愛なる女友達であり、真に立派な、男優りな、見識の高い、信仰の厚い上野さめ子先生（尋常科一年生担任）の本宮村への転任が決定し、一〇月四日にお別れ式があった。生徒も啄木も涙ぐみ、先生は全校生に対していつも「書を読め、そして自己を大にせよ」（第五巻p.112）と忠告して本校を去っている。この上野先生との別れの日について、「予は此日の尋常二年の教室と、全校の告別式と、女生だけの送別会との光景を永く忘れる事が出来ぬ」（第五巻p.112）と上野先生との惜別を悲しんでいる。上野先生の代わりには「矢張師校出の堀田秀子といふ丸顔の人が来た。（中略）この人も亦予のために親しむべき人である」（第五巻p.113）と記している。

一一月一七日、臨月が近い妻の節子が盛岡の実家に帰る。啄木は一九日から五日間学校を休んでいる。つまり一九日に左の胸が痛く、しかも頭の加減もよくなく、「肺病」に罹ったのではないかと心配している（この痛みは、啄木筆を執る時にはいつも左の胸を机の角に押し付けていたためであった）。この啄木の不治の病魔は学校教師としての一ヶ年の過労からであった。文字通り啄木は農村の教育・改革に生命を捧げ、啄木の教育は「腰かけ」ではなく、「命がけ」であった。一二月に入ると啄木は父親になる楽しみを「自分の子がせつ子から生れるのだ。あゝぞく〳〵する、満足である、幸福である、十八歳の暮には、詩壇の新作家を以つて目され、二十歳で処女詩集を公にして、同じ年せつ子と一緒になつて、そして二十一歳、筆を小説に染め初め、小供から一躍してお父さんになる」（第五巻p.115）と述べ、せつ子も同じような気持ちを手紙で啄木に、「………いかに値ある御作なるべきかなど、早や自分のものの様に自惚気にも成申候、かくては私も、二つ並べて見劣りせぬ位の子生まねばならぬと思ひ居候。………私は君を夫とせし故に幸福なりと信じ、且つよろこび居候、生るるは京ちやんにて候ふべきか。まちどほしく候ふかな。十二月五日夕、なつかしき啄木様み許に。せつ子」（第五巻p.116）と夫婦共に生まれてくる「子ども」に喜びと楽しみを表現している。

特に啄木は身重な妻節子の体を気遣って、「せつ子よ、せつ子よ、予は御身を思ふて泣く。あゝ、御身は実に我が救主であつた。今の自分に、若し人に誇るに足る何物かがあるとすれば、それは皆御身の賜物なのだ。嘗て、前後二回、死なうと思つた事のあるこの身の、今猶生きて、しかも喜びを以て生きて居るのは、たゞ御身といふ恋人のあつた為めではなかつたか。御身はこの身にとつてこよなく愛らしき懐かしきもの、又同時に、こよなく貴き有難きものである。（中略）今も恋人である。この恋は死ぬる日まで。せつ子よ、天が下に唯一人のせつ子よ、予は御身を思ひ、過ぎ来し方を思ふて、今夜只一人、関たる雪の夜の燈火の下、目が痛む程泣いた。せつ子よ、実に御身が恋しい。!!! 御身は今盛岡に居る。我と御身との子は、遠からず御身から生れるのだ。その嬉しい〳〵便りが今日か〳〵と待ちわびて居るのに、予期した二十日を過ぎて、まだ来ない。予は実に毎日郵便のくる時間になると今度こそはと胸を轟かして居るのに。！　この心を知るものは唯御身のみである。（中略）せつ子よ、御身から生れる我が子は果して男であろうか。男なら『行雄』と名付けよう。若し女だつたら、嘗て御身の云ひ出した『京子』といふのが、当然その子の名となるのだのに。（中略）予は実に此上なく幸福である」（第五巻p.119）と告白している。

啄木は渋民尋常高等小学校で一番生徒に信用のある先生は誰かという問いに対して、誰かという明確な名を示してはいないが、「予の九ヶ月間の努力は、決して無益ではなかつた。（中略）予は、小学教育者として確かに成功しつつあるのだ。予は衷心から、天を仰いで感謝する。予に教へらるる小供等は、この日本の小供等のうち、最も幸福なものであると、予は確信する。そして又、か丶る小供等を教へつつ、彼等から、自分の教へる事よりも以上な或る教訓を得つつある予も亦、確かに世界の幸福なる一人であらう」（第五巻p.117-118）と述べて、啄木は子どもを教えることの喜び以上に、子どもから教えられていることに世界一の幸福感を感じているようである。その上軍国主義、教育勅語の下での教育において日露戦争の大勝利の下、「勝つた日本よりも、敗けた露西亜の方が豪い」（第五巻p.118）と子どもに教えた啄木はどのような人間をつくろうとしていたのか。

自分は「渋民村の一代用教員は危険なるかなである」（第五巻p.118）と自問自答している苦悶する啄木を見ることができる。子どもの誕生や子どもからの信頼という浮き浮きした日々においても啄木はドイツ語の勉強を再開し、明治四〇年にはフランス語、イタリア語を、四一年はロシア語の勉強をする決意を示している。二学期には啄木は高等科の生徒の中にはすばらしい才能の持ち主がいることを、つまり高等科の生徒の将来を案じて、五人の生徒が極めて有望であるとしている。一二月二八日は学校の二学期の終業式で、一月六日までの九日間は年末歳始の休暇である。終業式後、啄木は子どもと一緒に雪合戦をやって正午頃帰宅している。啄木の周りにはいつも子どもがおり、子どもが集まる所にはいつも啄木がいたのではないか。しかしどのような時でも子どもがその中心にあったのではないか。子どもを教育の中心におかなければならないという「児童中心主義」教育の考えは、同僚上野先生によるキリスト教の感化によるのではないか。啄木自身がルソーの『エミール』やエレン・ケイの『児童の世紀』を読んだという記述はどこにも見当たらない。

翌日一二月二九日、啄木は父親になる。「（十二月）三十日　朝電報来る（廿九日午后三時四十分発）イマブジオミナヲウム○トキ」とある（第五巻p.123）。その時の感激は先述したように「予は此日の心地を、いかなる語を以ても表はす事能はず。嬉しさに立つても臥ても居られぬ様なりき。心の底がうすら痒ゆき様なりき。喜びの知らせのハガキ十五枚かきぬ」（第五巻p.123）と語り、翌日三〇には父親になった啄木は子どもの誕生を祝して「カケス」という鳥の御馳走を食している。啄木にとって父親になることはこの上のない喜びであったことを感じ取ることができる。一九〇七（明治四〇）年一月一日、啄木は「我が一家の上に祝福あれ、わけても生れし京子の上に幸多かれ」（第五巻p.129）と念じて、世間の父親と同じように一人の親として我が子の幸多きことを念じている。門松も立てず、〆縄飾りはないけれども、石川家にも春が確実に来ていることを実感している。しかし、元旦の朝食にはお雑煮などという贅沢なものはなく、「大根汁に塩鱒一キレ」（第五巻p.129）だけという粗食であったが、朝食の卓は「生まれきし子」のことが話題にのぼって喜ばしき雰囲気であった。母が啄木に、「父となりてはそれだけの心得なくて叶はぬものぞ、今迄の様に暢気では済むまじ」（第五巻p.129）と忠告している。しかも啄木自身は未だ見ぬ子に対して「我が児何ものよりも可愛しと思ふ」「願くは其児美しかれ」（第五巻p.129）という親バカぶりを発揮し、その子が自分に似ているのか、また母に似ているのかを思い巡らし、この上もない喜悦の極に達している。

元旦の午前中、啄木は数人の子どもと一緒に学校に行き、「四方拝」に出席して、子どもと一緒に「君が代」を歌って、「聖上睦仁陛下は誠に実に古今大帝者中の大帝者におはせり。陛下の御名は、常に予をして襟を正さしむ。（中略）陛下の赤子の一人たるを無上の光栄とす」（第五巻p.130）と言っているのは、当然この「四方拝」において啄木は校長の「教育ニ関スル勅語」の奉読を聞いていたことを推察することができるが、啄木は当時の教育と自分の理想とする教育との板ばさみに悩み、「人が人として生くるの道唯一つあり、曰く、自由に思想する事之なり」（第五巻p.130）と苦悶している。元旦には妹光子を盛岡に妻と京子の様子をうかがわせ、二日に戻って、「せつ子殆んど平日の如く健に、生れし子は大きくして美しく、むさぼる如く新乳を飲めり」という報告を聞いて、一安心している（第五巻p.131）。

三日の午前二時頃に長い地震があり、その時啄木は自分の隣に並ぶ枕がない寂しさと、たぶん夜鳴きをする赤子に乳房をふくませているであろう妻節子に対してこの上もなく恋しい気持ちを持った。さらに同日妹光子が啄木一家において唯一高価な置洋燈を壊したが、母は「幼なき児ある家にては吊洋燈こそ安全なれ」（第五巻p.132）と言われ、事がある毎に話題の中心が子どもであることに啄木はこの上無き喜ばしさを感じている。この頃になると啄木は心身の健康を回復し、新しい勇気と幸福とが新年と共に来ている感じで、今日の自分は昨日の自分ではなくなっている。五日には啄木、昨年一二月二九日誕生の「京子」を一九〇七（明治四〇）年一月一日午前六時に出生として、村役場に出生届を出している。先述したように届名は「京」である。

4 岩手郡渋民尋常高等小学校（三学期）

学校は一月七日より三学期が始まり、当日は始業式のみがあり、啄木は「予の代用教員生活は恐らく数月にして終らむ。予は其間に出来うるだけの尽力を故山の子弟のためにせざるべからず」（第五巻p.135）と決意しているが、啄木は二つの計画を遂行しようとした。この計画はどこまでも子どもの立場からの目線で、子どもの自主・自治を尊重することを第一に考えて、

①生徒間に自治的精神を涵養すること
②男女間の悪風潮を一掃して新しい思想を築くこと

そのために先ず②の方に着手している。そこで啄木は生徒間の制裁を行い、たとえ子どもの犠牲を出してもしかたないのではないかとも考えている。

一月八日から第三学期の授業が始まり、初日において啄木は「初めて予の一言一行の完たく子弟の心を根底より司配しつつあるを証明する事実」に遭遇している（第五巻p.136）。即ち当日高等科の第三時間目の「歴史」の時間に生徒六〇名の男女がいる薄暗い教室に立って、近来起こっている男女間のある悪風潮を根底より一掃することを告げ、各々の生徒の行為を指摘して譴責しようとした所、数時間後自分の行為を内心より悔悟する者、翌日には数人の者はあたかも雷光閃々たる天空をあおぎみて落雷が今落ちるのではないか戦々恐々の態であったが、この件に関しては啄木には少しの愛憐の情も湧いてこず、男女間の悪風潮を一掃しなければ、つまりこの悪風潮はただ渋民村の小学校の問題ではなく、この解決がうまく行くか行かないかは永く社会の推移にかかわる問題であるので、啄木はたとえ愛すべき生徒を犠牲にしてもかまわないという決意をのぞかせている。

生徒たちは啄木の確固たる決意をまのあたりにして、次々告白し、その生徒の目は敬虔なるひとみをして許しを乞い、その心は雪よりも潔き心であった。啄木は生徒の幾人かの告白を聞いて、自分の言葉が子ども（生徒）に如何に深く浸み込んでいるかを知って、「誠」のみがこの上もなく尊い財宝であることがわかり、啄木の心はただ敬虔の情にみち、就寝しても涙が流れて止まらず、「嬉しさ、有難さ、思ふほどに〳〵胸にあまりて、法恵の雨、今しとどにわが魂を洗ふかとぞ覚えし」（第五巻p.137）と、今日一日の充実・満足の気持ちを告白している。

一月九日、高等科の教壇に立って、啄木は「胸ふさがりて辞甚だ渋るを覚えき、予は危くも声をあげて泣かむとしたり。予の一言一句は、心よはき教子の美しき涙によりて迎へられぬ。然り、曇れる予の眼も、そこここにすすりなく児等のありしをば朧ろげ乍ら認めたりき」とも感じ（第五巻p.138）、子どもの純心無垢な気持ちに触れたのとは裏腹に啄木はこの代用教員生活は数ヶ月もしないうちに終わろうとするが、この生徒の態度が啄木の心境を覆し、啄木は「他日猶一層の修養を積みて後、予の再び郷校に代用教員たりえむ」（第五巻p.138）と考え直し、何時かはきっと研鑽を積んで教職に就きたいと思った。

一月十日より毎日五分間か一〇分間の間、尋常科二年の生徒と高等科の生徒に簡単な「英語会話」を教えている。「高等科の教室は、一年より三年まで男女合して六十幾名を収む。内、女子僅かに八名。一年生は多く十一歳十二歳にして、三年に至れば十六歳に達するものまた二三名を算す。聡明なるあり、魯鈍なるあり、剛気なるあり、臆病なるあり。而して此等一群の少年少女は、然れども亦、明らかに一個独立の一小社会をなせり」（第五巻p.139）と述べ、啄木はこの高等科の生徒を、尋常科とは違って、一個の独立した者と見なして敬意を払っているのをうかがうことができる。

一三日には近隣四校の新年祝賀会が渋民尋常高等小学校で開催されたが、出席者はわずか六名で、ほとんどが明治以前生まれで、髭のないのは啄木一人であったが、啄木はこの人たちを前にして「読本中の韻文教授法」について私見を述べている（第五巻p.141）。新年早々にもかかわらず啄木の私宅を子どもは雪の夜も風の夜も訪れてくるので、夜の一〇時頃まで自分の時間を持つことができず、このような無理がたたって、一五日に就寝しようとすると、にわかに目まいを感じ、呼吸苦しく、動悸激しく、どうなるのか先行き不安な気持ちに襲われ、母親（妻は実家盛岡にいる）に濡れた手拭を額にのせてもらいようやく寝ることができ、夢の中に出てきたのは「恋しき妻と未だ見ぬ稚児」（第五巻p.142）だった。起床してみると、頭が重く、体もだるく、心晴れることがなかったので、一六日は学校に出ることができず、しかし翌日は心落ち着かないが出校する。

それ以後一〇日余りは健康で平和で、忠実な代用教員で、「学校に居ても、家に帰っても、子弟のためには実に真面目な兄であり、友人であった」（第五巻p.143）。このような気持ちと裏腹に中々眠れぬ習慣がつき、眠れないからさまざまなことを考えるのか、考えるから眠れないのか判断がむずかしく、しかし考えることはいつも「文芸と教育」のことであった（第五巻p.143）。特に「教育」については当時の教育の恐るべき欠陥（子どもの持っている才能を潰し、天才を作らず、凡才を作っている）について、さらに理想とすべき学校の設計（子どもの持っている才能をのばし、子ども中心の教育を行う）についてであったが、その欠陥を克服すべき策は何一つとしてなく、また理想とする学校を実現することは現在のところ全く不可能であった。

5 岩手郡渋民尋常高等小学校（三学期の冬休み）

一九〇七（明治四〇）年一月三〇日に始まる遅い冬休みが、二月一四日まで（一六日間）あった。二月三日からは村中の若者のために「夜学」を開始し、寒い晩には風が吹きさらしになるような教室で三時間近くの授業を行ったために、啄木は悪質な流行感冒にかかり、一週間も外出することができなかった。二月の後半は無事で何事もなかった。同年三月四日は啄木が居を渋民村に移してまる一年が経った日であった。翌日は啄木には悲しい出来事、つまり父親の家出が生じた。これに啄木は周りを気にせず声を出して泣いた。父親は「貧」という悪魔に追い出された。啄木はしばらくの間起き上がることのできないほどのショックを受け、気力がなえてしまった。父親は誰にも気づかれないように暁近くに家を出たのではないか。この日は父親の宝徳寺復帰運動は失敗に終わった日であった。

それに反し、啄木にとっては非常に嬉しい日でもあった。当日の午後四時、「せつ子と京ちゃんとは、母者人に伴はれて盛岡から帰つて来た。妻の顔を見ぬこと百余日、京子生れて六十余日。（中略）予は生れて初めて、父の心といふものを知つた」（第五巻p.145）と、妻と子どもに再会した時の感激を語り、子どもをはじめて抱いた時の嬉しさについて、「この可愛さつたらない。皆はお父さんに似て居るといふ。美事に肥つた、クリ〳〵シタ其さま。喰ひつきたい程可愛いとは此事であらう。抱いて見ると案外軽い。そして怖れといふものを知らぬげに、よく笑つた。きけば三十三日の前から既に笑ふ様になつたのだと。夜、京子はよく笑つた、若いお父さんと若いお母さんに、かたみに抱かれ乍ら」（第五巻p.145）と語り、啄木のこの子どもに対するあふれる愛情を注ぐという気持ちが子どもの教育に携わらせる根拠であり、この京子の「最初のほほえみ」に啄木はフレーベルの言う子どもの神聖性を見出していたのではないか。

啄木は学年末を迎えて、この職を辞して新しい方面で活動しようと決していた（啄木はこの前後に函館の苜蓿社（ぼくしゅくしゃ）の知人松岡蕗堂に北海道移住の依頼をしている）。だが、今まで担任していた子どもとの別れと、その子どもが別の先生に受け持たれるのだ、ということに不思議な気持ちにかられ、いろんな思いが渦巻いていた。真の深い師弟の情は、親子の情が子を持った親でなければ理解できないのと同じで、担任した子を持たなければわからない感情であった。教室の内外で自身忙しく、何とも言えない気ぜわしい気持ちに陥っていた。

三月二〇日の学年の最終の授業で、先述の生徒間の自治的精神を涵養するために、啄木の発案で卒業生送別会が挙行されている。この送別会はすべて生徒にまかせ、接待係、余興係、会場係、何れもすべて生徒が担当し、生徒二人の委員長の名による招待状によって村の要人が臨席した。このような形での送別会は村開闢以来の出来事であり、委員長の開会の辞において「紳士貴女諸君」と呼びかけられたのは村の人にとっては初めての出来事であった。この送別会において生徒は送別の演説をしたり、独唱を行ったが、啄木は自分の組であった尋常科二年生の合唱について「九ッ十といふ小児が五人、何れも上級生以上の出来栄であつた」と喜びをあらわにし、喜び極まって落涙するほどであった（第五巻p.146）。

啄木はこの送別会のために『別れ』を作詞し、「一　心は高し岩手山／思ひは長し北上や／ここ渋民の学舎（マナビヤ）に／むつびし年の重なりて　二　梅こそ咲かね、風かほる／弥生（ヤヨヒ）二十日（ハツカ）の春の昼／若き心の歌ごゑに／わかれのむしろ興（キヨウ）たけぬ　三　ああわが友よ、いざさらば／希望（ノゾミ）の海に帆をあげよ、／思ひはつきぬ今日の日の／つどひを永久（トハ）の思出（オモヒデ）に」（『石川啄木全集　第二巻』※以下、第二巻と記す　p.458）と高等科女生徒五名による合唱を行っている（譜は『荒城の月』に同じ）。これには堀田先生（上野先生の後任）のオルガンと啄木のヴァイオリンの伴奏があり、啄木は「この日最も美しい聴物であった」（第五巻p.146）と回顧している。

啄木はじっとしていることができず、役場に足を運び岩本助役（啄木の教職の辞するのを留意する）に会うと、助役は「今日の生徒の活動には涙が出る程うれしかった。（中略）イヤ、これからは、何事を措いても教育のために尽す考へです」（第五巻p.146）と話し、啄木は今まで行ってきた教育が水泡に帰さなかったこと、つまり一年間の教員生活は決して無駄ではなかったことの証明であることに眼の曇るのを覚えている。この感激を自分の心の中に収めることができず、送別会の詳しい模様や渋民尋常高等小学校に対する自分の希望を平野郡視学に手紙を書いてようやく就寝できるほど興奮していた。

6 岩手郡渋民尋常高等小学校（一学期・明治四〇年）

四月一日、新学期の始まりで、新入生が続々来学してくるのを見ると、子どもはすべて体がすぐれて丈夫そうに見え、啄木はこの子どもを一人残らずすべて引き受けて一人前の人間にすることが教育者の責任と考えていたが、三月三一日役場の岩本助役が来た時、啄木自身今父兄の注意が学校のことに向けられ、今こそ発展の時期は目前に迫っていることも自覚し、可愛い生徒とも別れたくなかったが、すでに予定していたことであったので、四月一日には辞表を提出する予定であることを告げた。四月一日には助役の話を聞いて、畠山学務委員が来て、啄木に留任を勧め、校長への辞表を撤回してはと迫ったり、また同僚の先生方も口を揃えて引き止めにかかったが、啄木は一度決めたら一徹なところから「い、え、私だつて唯戯談に出したのではありませんから、何卒進達の御手続を願ひます」（第五巻p.147）というような会話を校長と繰り返していると、堀田先生が「それでは当分私がお預り致して置きます」（第五巻p.147）と言って、啄木の辞表を取り上げてしまった。

放課後には岩本武登助役と畠山亨学務委員からも、とにもかくにもここ当分学校を辞することをやめてほしいとの再度の勧告を受けている。このようなどっちつかずの状態で啄木は堀田先生と子どもを引き連れて半日散策している。啄木自身による「明治四十丁未歳日誌」は四月二日で終わって、それ以後の記述は非常に簡略されている。啄木は四月一九日免職に追い込まれるような事件、つまり退職ではなく、高等科の生徒を引率して、村の南端平田野の松原において校長排斥のストライキを指示し、それを決行している（翌二〇日遠藤校長転任の内示）。これは遠藤校長の学校管理への反発というよりも、渋民村での生活が戦いの日々であったことから、教育そのものに対する挑戦であったのではないか。

つまり当時の軍国主義教育に対して自分の理想とする平和教育及び貧しい農民の生活の改革、日本の教育を国民の手に取り戻すという教育界に対する戦い、要するに教育を改革したいという戦いであった。

したがって啄木は、当時の国家権力に盲従している教育界にとっては一番危険な間者であり、代用教員であったのではないか。啄木は一九〇七（明治四〇）年四月二十一日（「明治四十丁未歳日誌」には二十二日免職の辞令）付けの免職の辞令の交付を受けている。退職ではなく、免職の辞令が出されたのは、少しでも早く啄木をこの渋民村から追い出そうとする意図がうかがえる。したがって啄木には教育の敗北者というよりも、むしろ村から石をもって追われたとの気持ちが強く働き、とにもかくにもすぐにこのなつかしい、日本一美しい故郷から脱出しようと考えた。そこで啄木は五月に入ってからは逸民のような生活を送り、「予は新運命を北海の岸に開拓せんとす。これ予が予てよりの願なり。（中略）然らすば予は再びこの思出多き故郷の土を踏まじ。（中略）この村この家この室に眠る、これ或は最後ならむかと思ふに、裸々なる人生の面目、忽ち我が胸を圧して涙を誘はむとするを覚えぬ。噫人生は旅なり。げに旅なり。されば我も亦旅より旅に!!!」（第五巻 p.148-149）と故郷を追われるように旅立たなければならない悲しさを希望のない旅になぞらえて、寂しさを紛らわしている。

五月三日、堀田先生を訪れ、これが最後かと思うと、何となく胸が塞がり、逢うは別れの始めなりの感あり、これも運命かと思って、静かに蛙の鳴き声を聞きながら帰宅しているが、いろいろな思いにかられてなかなか寝入ることができなかった。五月四日、啄木は渋民村に留まること一年二ヶ月、妻と子どもを盛岡の実家に預け、母は渋民村の知人（米田氏）に託し、父は野辺地にあり、妹光子と一緒に北海道へ渡るために故郷を出発、石川家ここに一家離散の憂き目にあう。啄木はこの家を出る時の心境を「予は桐下駄の音軽らかに、遂に家を出でつ。あゝ遂に家を出でつ。これ予が正に一ヶ年二ヶ月の間起臥したる家なり。予遂にこの家を出でつ。下駄の音は軽くとも、予が心また軽かるべきや。或はこれこの美しき故郷と永久の別れにはあらじかとの念は、犇々（ひしひし）と予が心を捲いて、静けく長閑けき駅の春、日は暖かけれど、予は骨の底のいと寒きを覚えたり」（第五巻 p.150）と述べ、役場の者は啄木は二週間後には必ず戻ってくるのではないかと思っているが、啄木はおそらくこのことはありえないとして上述の如く述べたのではないか。

7 北海道函館時代（函館区立弥生尋常小学校）

一九〇七（明治四〇）年五月五日、啄木は北海道の地に足を踏み入れ、函館の苜蓿社の関係者に迎えられた。函館の靖和女学校の国語教師大島経男の後任として、雑誌『紅苜蓿』の編集を引き継ぐことになるが、これは大島が靖和女学校の国語教師の後任に啄木を推薦してくれたが、啄木が中学校中退という理由で実現しなかったためである。苜蓿社同人で函館商業会議所主任書紀澤田天峯の世話で五月末日までの約束でここの臨時雇いになる。五月三一日にはこの職を辞しているが、啄木はこの仕事に生きがいを感じることができず、今までのように生きた子どもを相手にする職業ではなく、全く単調な、活気のない仕事のために、健康を害して数日間床に臥している。

そうしているうちに、苜蓿社の同人で当時函館東川尋常小学校に勤務していた吉野白村(章三)の紹介で、六月一一日に函館区立弥生尋常小学校の辞令を得て、第二回目の代用教員となる。同校は一八八二(明治一五)年四月九日創立で、校長大竹敬三(戸籍上は敬蔵、日記には敬造)以下教員一五名(うち七名が男性で、八名が女性である。すでにこの時期以来小学校においては女性が多かった)、生徒数一一〇〇名で尋常小学校にしては規模の大きい学校である。月給は四円(「明治四十丁未歳日誌」においては三円とあるが)増えて一二円となる(渋民村においては八円であった)。

啄木は六月一一日に弥生尋常小学校代用教員になってから七月中旬まで精勤した様子はなく、「七月中旬より予は健康の不良と或る不平とのために学校を休めり、休みても別に届を出さざりき、にも不拘校長は予に対して始終寛大の体度をとれり」（第五巻p.155）とある。この「或る不平」とは啄木の理想とするべき学校のあり方、教育論、教育方法などが田舎の小さな渋民村の小学校とは違って、大規模な弥生尋常小学校には受け入れられなかったのではないか。さらに校長の寛大な態度は啄木を紹介した吉野白村と校長との関係があるのかもしれない（あくまでも推測であり詳細は不明）。

　七月七日には妻節子が長女京子を連れて来道し、家族団欒の生活を送っているが、啄木自身の身辺にはいろいろなことが起こり、精神的に不安定な状態になっている。六月には函館において英語の私塾を開いていた向井永太郎が北海道庁の役人になるために札幌に去り、七月二六日には啄木を自分の後任に推薦してくれた靖和女学校の国語の教師大島経男が、恋愛結婚の破綻からこの職を辞して漂然と故郷日高下下方村（しもげぼうむら）の牧場に去り（啄木にとっても、苜蓿社にとっても、靖和女学校にとっても大島先生の退職は、ちょうど舟の中央のマストが折れたように、向かう方向不明になるように、莫大な損失となっている）、二七日には啄木を「函館日々新聞」に紹介してくれた宮崎郁雨が教育召集のために知りえて三ヶ月後に旭川に向かっている。啄木は精神的支柱となっていた友人が次々に函館を立ち去り、頼る者がいなくなっている。

　啄木は代用教員と共に、当分の間は秘密であったが八月一八日に「函館日々新聞」の遊軍記者（特定の部署に就かない記者）にもなっている。啄木の弥生尋常小学校の教育活動の記述は「明治四十丁未歳日誌」においては見ることができない。ただこの日誌においては啄木の身辺の変化、函館の大火事、その大火事における尋常小学校の仮事務所の様子、尋常小学校の退職の件についての記述があるのみで、啄木がどの学年を担当したか、またどのような教科を教えたのか、授業の様子などは全くない。五月四日に一家離散した家族が三ヶ月後の七月七日には一堂に会して家庭はにぎやかになったが、啄木は学校でもほとんど何事もすることがなかったのではないか。月給一二円で一家五人を扶養することは軽業の如く、啄木は妻に心配をかけたくない、要するに少しでも人間らしい生活をしたいと思い、教師仲間（三人）と蚊に喰われながら対策を講ずるが、三人共地の涯に逃げようとしても、いつも「世の中」が追いかけてくることを実感し、死ぬまで「世の中」という言葉を繰り返さなければならない非常に暗い、悲しい気分に陥っている。

この時の悲嘆なる心境を宮崎郁雨に、「今日どうも僕は世の中から辞職したいやうな気がしていかんサヨナラ　早く帰つてくれ玉へ君。君が居ないとさびしいよ、グズ〳〵してゐるうちに年とつて死ぬ、死んではツマラヌ、唯死んではツマラヌ、然し手も足も出せぬ、生活の条件が安固でないと書きたいものも書けぬ、ダカラ世の中から辞職したくなる」（第七巻 p.136–137）と告白しているが、後日心変わりし、啄木は自分の家庭が第一であり、世の中を辞職することは家庭人を殺す以外に方法はない。家庭を犠牲にすることはできないので、自分は人間らしい顔をした男になりたいので、決して自分から死なないことを覚悟する。

8 函館大火事

八月二五日、啄木は弥生尋常小学校と新聞社を失う大火事に出遭う。この大火事は夜十時二十分、東川町より出火、啄木自身の家は焼失を逸れた。この大火事について、「（明治四十丁未歳日誌においては）此夜十時半東川町に火を失し、折柄の猛しき山背の風のため、暁にいたる六時間にして函館全市の三分の二をやけり、学校も新聞社も皆やけぬ、友並木君の家もまた焼けぬ、予が家も危かりしが漸くにしてまぬかれたり（中略）火は大洪水の如く街々を流れ、火の子は夕立の雨の如く、幾億万の赤き糸を束ねたるが如く降れりき、全市は火なりき、否狂へる一の物音なりき（中略）予は手を打ちて快哉を叫べりき、予の見たるは幾万人の家をやく残忍の火にあらずして、悲壮極まる革命の旗を翻へし」（第五巻p.156–157）、「折柄の猛烈なる山背に煽られて天下無頼の壮観を極め六時間にして、函館五分の四、戸数一万五千戸を焼き尽し候、ナントく、小生生れてよりアレ位ハンドルングの雄大にして、悲壮を極め、且つ意味深甚なる芝居を見た事無之候、光景は何人も形容すること能はじ、火なる哉、火なる哉、函館の根本的革命は真赤な火によつて成し遂げられ候（中略）先づ以て過去の函館其物が世界より焼き飛ばされたりと（中略）刻一刻に自然に背ける函館が、一本のマッチによつてペロリと消えて了つたなど（中略）混雑といへば混雑、惨状といへば惨状、実は人間の語でアノ夜の光景は云ひ表されぬに候、狂へる雲、狂へる風、狂へる火、狂へる人（中略）イヤハヤ、アノ狂へる雲の上には狂へる神が狂へる下界の物音に浮気を起して舞踏でもやつて居た事に候ふべし、狂はざりし者は、家内の狼狽を鎮めむと火事最中に盆踊をやつた小生位のものに候ふべし（中略）学校で残つたのは住吉東川若松高砂の四校、アトは皆焼けたり、女学校など両遊廓と共に一つも残らず、役所で残つたのは区役所税務署裁判所測候所税関米国領事館の六、アトは支庁も黒犬の警察も郵便局も英露領事館も何もかも灰、新聞は北海一つ残り候」と大火事の悲惨さを記している（第七巻p.137–138）。

　この大火事によって被災した家の子どもたちは転校を余儀なくされたが、転校する子どもはさほど多くなかった。「即ち九月一日以後本月十一日迄に区内各校尋常科（私立高島小学校を除く）に転学し来れる者、男八十八、女九十三、計百八十一名にて、其内函館よりの分は男二十一、女二十二、計四十三名に過ぎず。但し高等科の分は未詳なるも、当局者の談によれば、尋常科と略同数なるべしと云ふ」（第八巻p.364）と大火事の後の子どもの転校について、明治四十年十月十五日小樽日報は報じている。

自分の勤め先である学校、新聞社を失う悲劇に遭遇するといったマイナス面のみが強調される気配はうかがえるが、啄木はこの大火事をプラス的にとらえて、函館にとっては根本的な改革とみなし、函館は過去の罪行（自然に背く行為）をすべて焼き尽くして、この火事を契機として新しい函館建設に邁進する良い時期であるとして、啄木は函館のために祝盃をあげたり、盆踊りを踊りたい気持ちになっている。しかし第三者から見れば、この火事の中盆踊りをしている啄木自身が狂ったのではないかと思えたのではないか。

啄木は通帳が全部無効になり、焼け出された者には恩典があったが、焼け出されなかった者にはそれがなかったので、恩典にもれて困っていると愚痴をこぼしているが、焼け出された人は実に可哀想でしかたがないと嘆いている。街を歩けば、一寸でも教えた生徒に出会い、その子等の家も大抵は焼けており、心は無暗に陥り、函館は寂寞で死の都となっている。要するに函館は、バビロンの都城が一夜にして地上から消えたように、この火事によって一夜にして世界の外に焼き飛ばされた。啄木はこの大火事によって、函館は数年経っても再興の見込みはないと考え、これを契機としてこの函館を去る決意をしたのではないか。

啄木は一方では大火事によって新しい時代、新しい町の建設というプラス的な考えを持ち、他方では学校・新聞社焼失、一分一厘の希望も持てず、意気消沈するマイナス的な気持ちに陥り、複雑な取り乱した様子をうかがうことができる。学校の方はどうせ二部授業になるので、啄木のような代用教員は罷免されるのではないかと覚悟している。啄木は焼け出された新聞社には出勤しているが、学校の方は夏期休暇のために通うことなく、九月にはこの学校を辞する予定であるが、まだ辞表を書く予定はなく、代用教員ではあるが、わずかばかりの俸給を受けられることができたのはせめてもの幸福であった。

八月三〇日、啄木は北海道庁の役人になって、大火事の救護活動のために函館に来ていた向井永太郎（向井の家も焼失）に札幌への就職依頼のために履歴書を二通託している（第四巻p.418-419）。この日を契機として啄木の心の中には函館を去る決意を固めたのではないか。したがってその後の啄木の活動はただ体を動かしているだけで、気が入っていない。この三〇日には弥生尋常小学校の仮事務所が大竹校長宅になったので、啄木は出務したが、学校焼失のために諸帳簿がほとんど灰になっている（このために啄木の教育活動に関するものが全くない）。つまり学籍簿や出席簿がすべて焼けてしまったので、啄木等先生方の仕事は、先ず生徒の名簿を作成し、罹災の状況を調べることであった。そのために九月四日には生徒に公園に集合することを市中各所に公示するために各区域に貼り紙をしている。

この仮事務所において啄木は先生方の様子を語っている。大竹校長は啄木の函館を去る気持ちを少しでも遅らせるか、あるいはいつまでもここでの代用教員を続けさせようとして大切な仕事をほとんど啄木に任せている。小西先生は晩年はどこか田舎の校長になりたいというし、遠藤先生は色褪せた洋服を着て、三五、六歳ながら親との折り合いが悪く、妻とも別居している。加茂先生ははばかることを知らない人で、同僚中一番良いものを着ている。代用教員の伊富先生は気のきかない男で、強姦でもやりそうな人である。女性の先生についても啄木は観察している。遠山先生は背が高く、奥様で煙草を吸っている。日向先生は三〇歳近くで独身で、悲しくも色青くやせている。疋田先生は女子大学卒業で豚のように太り、熊のような目をし、一番快活で一番「女学生」という馬鹿臭い経験に慣れている。森山先生は黒ン坊にして、渡部先生は肉体の一塊で、世の中にこれ程厭な女性は滅多にいないのではないかと啄木は少し嫌っている。高橋先生は春愁の女で、橘先生は真直に立てる鹿ノ子百合となるであろう（男性の先生は七名であるが五名しか、女性は八名であるが七名しか、つまり男性は二名、女性は一名については何故仮事務所に出勤していないのかは不明である）。

九月八日には札幌の向井永太郎（夷希微）から、友人で「北門新報社」に勤める小国露堂（善平）の紹介で北門新報の校正係に口ありという連絡が入り、啄木わずか函館一二〇余日、全く一人も知らない地に来て多くの友を得て、函館を数日のうちに去ることを決意している。九月一〇日には札幌の向井から「ハヤクコイ」という電報を受け取った啄木の心はすでに函館にはなく、札幌に飛んでいる。翌日の午前中、学校の仮事務所になっている大竹校長宅を訪れ、退職願を出し、九月一三日に函館を出発することを決定する。九月一二日、空は天高く、秋の空、函館を去ることに一種の言いがたい感傷にふけるが、午前中仮事務所に行って自分に課せられた責任ある仕事を済ませ、ひとり杖を曳いて、何とも言い難い名残り感にふけって、「我が心は今いと静かにして、然も云ひ難き楽しみを覚ゆ。恋ひする者をして恋せしめよ。怒る者をして怒らしめよ、笑ふ者をして笑はしめよ、悲しくして泣き、楽しくして笑ふ、これ至理なり、止まるべくして止り、去るべくして去る。この身この心唯自然の力の動くに委して又何の私心なし」（第五巻p.162–163）と函館の地を去ることを何一つとして惜しんでいない。

この日に前日付の依願解職の辞令を啄木は得て、一人大森浜に函館最後の散策を試みている。一三日の午後七時、誰一人の見送りなしで一人さびしく札幌に向かい、何とも言えぬ涙を流している。啄木天下の代用教員から札幌北門新報社の校正係に転身し、啄木の教員生活はここに終了する。

壺井栄の『二十四の瞳』に見る教育の恐怖と悲劇

国立国会図書館「近代日本人の肖像」
(https://www.ndl.go.jp/portrait/)

〈生没年〉

明治三三年（一九〇〇）八月五日
～昭和四二年（一九六七）六月二三日

〈主な作品〉

『二十四の瞳』『柿の木のある家』『母のない子と子のない母と』など

序

この『二十四の瞳』は壺井栄の直接的な教育論ではないが、一人の女性（大石先生）として、女教師、母親として（三人の子どもの母親、そのうち一人娘は病死）、戦前、戦中、戦後の教育の「恐怖と悲劇」を通して教育のあり方を考察している。これは間接的に壺井栄の教育思想、即ち如何なる事情による戦争も絶対に反対を訴えるものとして見ることは、少しうがった考えであるかもしれないが、直接的に戦争反対を訴える壺井栄の本当の姿を表現しているのではないか。

子どもの純粋無垢な、水のすき透るような目をいつまでも失わないような教育を目ざしているが、『二十四の瞳』の中での、一人（女の子）は若くして栄養失調による病死、三人の男の子は戦死、もう一人の男の子も目を失うという悲劇、さらに自分の娘も病死、つまり子どもの純粋無垢、水のすき透るような目を永遠に閉じさせ、二度と再びその目を開くことのない悲劇を通して、壺井栄は永遠なる平和、つまり戦争という悲劇的な出来事が二度と生じないことを念じて『二十四の瞳』を書いたのではないか。

Ⅰ 『二十四の瞳』の内容

1 戦争前（一年生から三年生まで）

一九二八（昭和三）年、女学校の師範科二年を卒業し、同年四月四日に赴任した大石先生は、師範科において一九一七（大正六）年の沢柳政太郎の新教育実験校としての生きた教育の「成城小学校」、一九二一（大正一〇）年の羽仁もと子の「自由学園」の設立、一九二四（大正一三）年の野口援太郎、下中弥三郎等による「池袋児童の村小学校」創設、さらに一九二五（大正一四）年には小豆島に近い兵庫県神戸市における桜井祐男による理想の新教育の場として設立した「御影児童の村小学校」（この小学校は一年たらずで姿を消して、その後兵庫県芦屋市に移転して「芦屋児童の村小学校」となっている）の設立に関して、師範科で講義を受けていたのではないか。

またヨーロッパにおいての田園教育舎における新しい教育についても教えられたのではないか。

当時においては教師と子どもとの間の距離はかなり離れ、教師は一段と高い教壇に位置していたのではないか。しかし大石先生は教聖ペスタロッチの『シュタンツだより』の如く、自分の目には子どもの目があり、子どもの目には大石先生の目があると思いたいと、教壇から降りて、子どもと自分は同じ目線でという気持ちで、子どもとの距離を縮めている。このことについては「今日はじめて教壇に立った」大石先生の心に、今日はじめて集団生活に繋がった一二人の瞳は、それぞれの個性に輝いてことさら印象深く映ったのである。この瞳を、どうしてにごしてよいものかと考えて、大石先生は新教育を受けてきたことを証明しようとしたのではないか。

しかしながら、何と言っても日本の教育を支配していたのは一八九〇（明治二三）年一〇月三〇日に発布された「教育ニ関スル勅語」である。明治天皇は山県総理大臣（日本陸軍の創設者であり、軍人勅諭〈一八八二（明治一五）年一月四日頒布〉の発案者）と芳川文相を宮中に召して「教育ニ関スル勅語」を下賜された。これは忠君愛国の教育規範を確立し、一九四六（昭和二三）年まで教育・国家道徳の支柱となっている。

この勅語にも良いところがあると賛成する国会議員やそれに賛同する者も存在しているが、如何にその内容が良くても、「一旦緩急アレハ義勇公ニ奉シ以テ天壌無窮ノ皇運ヲ扶翼スヘシ」という一文において、若き学徒を戦争に駆り出し、如何に多くの若き命を奪ったかを忘れてはならない。しかも一九四六（昭和二一）年一〇月八日、文部省が「勅語および詔書等の取扱いについて」の通達を発し、教育勅語をもって我が国教育の唯一の淵源とする従来の考えをとりやめ、式日等に教育勅語を拝読することを停止し、その保管や取り扱いに当たって神格化の排除を明確化し、同年一一月三日に公布された「日本国憲法」下の国会において、一九四八（昭和二三）年六月一九日に衆議院で「教育勅語等排除に関する決議」がなされ、同年同日参議院では「教育勅語等の失効確認に関する決議」がなされた。

一八九〇（明治二三）年一〇月三〇日に発布された「教育ニ関スル勅語」は一九四七（昭和二二）年までの約五〇年間日本の教育を支配してきたが、ここに終止符がうたれた。それにもかかわらず、この「教育ニ関スル勅語」に固執することは何としても「教育」を国家統制の下に置こうとしているとしか思えない。憲法が保障している「学問の自由」はどこにあるのか。

一九〇〇（明治三三）年八月二一日に公布された「小学校令施行規則」の第二十五条において、「小学校ノ学年ハ四月一日ニ始リ翌年三月三十一日ニ終ル」と規定されている。しかし一八七二（明治五）年八月二日、太政官は「学事奨励ニ関スル被仰出書（学制）」を布告し、八月三日に「学制」を頒布した。この「学制」が頒布される時の学期の開始については、はじめ九月に始まることが考えられたが、当時の日本においては第一次産業（農業）が中心であった。そのために九月は農繁期で、子どもでも重要な働き手であったため、この働き手である子どもを学校にとられることを嫌ったので、学年は四月に始まったのである。

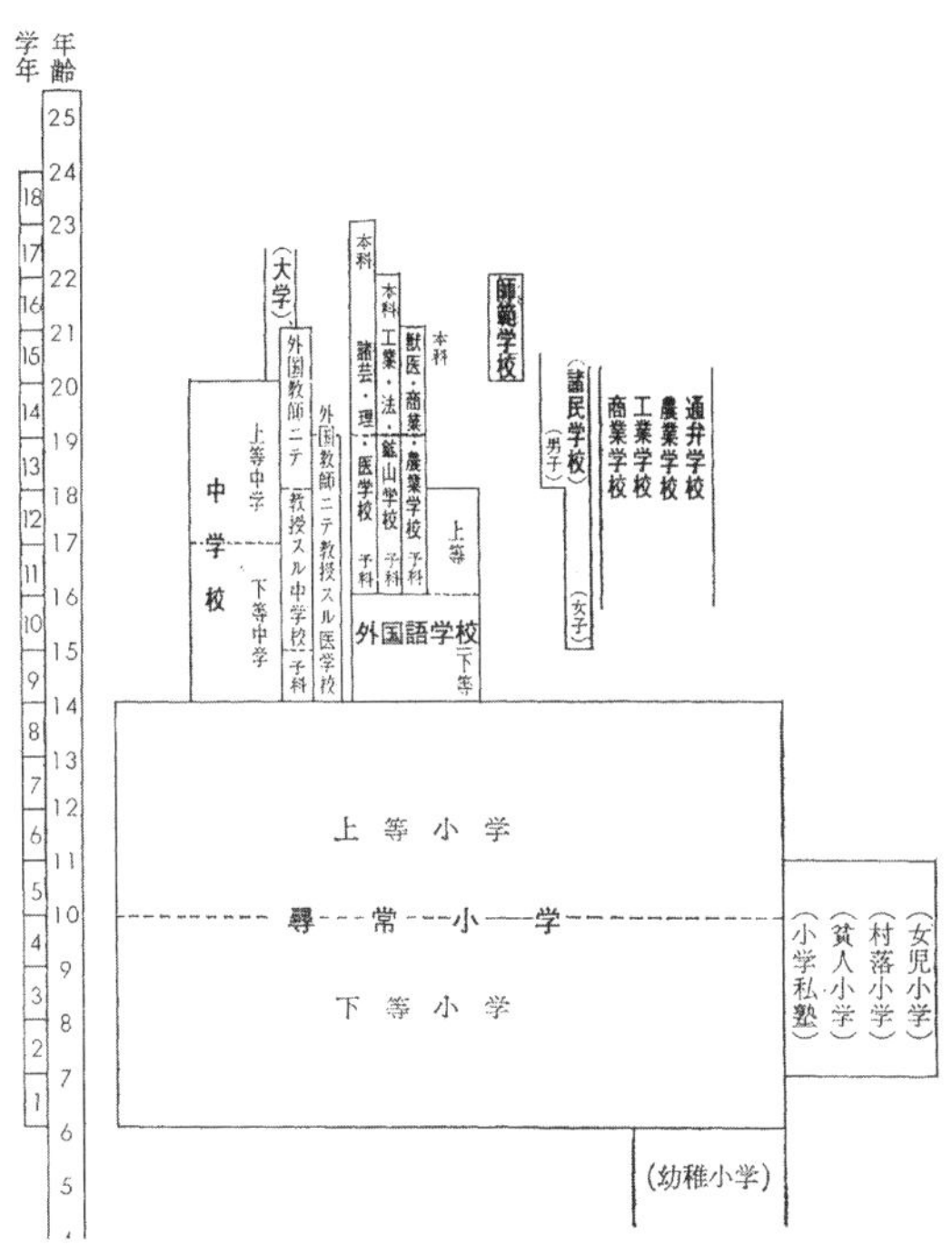

明治6年　学校系統図（文部科学省）

教育勅語は小学校及び師範学校の教育に特に大きな影響を与えたが、中でも修身教育において顕著であった。教科の教授時数についても、修身はそれまで毎週一時間半であったものが、尋常小学校では三時間、高等小学校では二時間に増加し、この点からも修身教育を特に重視していたかがわかる。修身教科書には勅語の全文を各巻の巻頭に掲げているものも多く、高等小学校では一巻または一部を勅語の解説にあてているものも多い。師範学校については一八八一（明治一四）年八月一九日、「師範学校教則大綱」の第一条「師範学校ハ小学校教育タルニ必須ノ学科ヲ授クル所トス」、一八八六（明治一九）年四月一〇日に「師範学校令」の第一条で「師範学校ハ教員トナルヘキモノヲ養成スル所トス。但生徒ヲシテ順良信愛威重ノ気質ヲ備ヘシムルコトニ注目スヘキモノトス」、一八九一（明治二四）年一一月一七日の「小学校教則大綱」第二条では「修身ハ教育ニ関スル　勅語ノ旨趣ニ基キ児童ノ良心ヲ啓培シテ其徳性ヲ涵養シ人道実践ノ方法ヲ授クルヲ以テ要旨トス。尋常小学校ニ於テハ孝悌、友愛、仁慈、信実、礼敬、義勇、恭倹等実践ノ方法ヲ授ケ殊ニ尊王愛国ノ志気ヲ養ハンコトヲ努メ又国家ニ対スル責務ノ大要ヲ指示シ兼ネテ社会ノ制裁廉恥ノ重ンスヘキコトヲ知ラシメ児童ヲ誘キテ風俗品位ノ純正ニ趨カンコトニ注意スヘシ」と規定し、教育勅語に基づき、徳性涵養を最重視した。

一八九二（明治二五）年七月一一日制定の「尋常師範学校ノ学科及其程度」において従

来の「倫理」を「修身」と改め、毎週教授時間数も一時間から二時間に増加、修身の教授要旨を「教育ニ関スル勅語ノ旨趣ニ基キテ人倫道徳ノ要領ヲ授ク」と定め、修身は「教育ニ関スル勅語ノ旨趣ニ基キ生徒ニ理論ニ馳セス専ヲ躬行実践を目的」とするものであるとする。

一九四三（昭和一八）年三月八日制定の「師範教育令改正」の第一条では、「師範学校ハ皇国ノ道ニ則リテ国民学校教員タルベキ者ノ錬成ヲ為スヲ以テ目的トス」、一九四三（昭和一八）年三月八日制定の「師範学校規定」の第一条では、「師範学校ニ於テハ教育ニ関スル勅語ノ旨趣ヲ奉体シ師範教育令第一条ノ本旨ニ基キ……生徒ヲ教育スベシ」と規定した。要するに師範学校は国民一般の教育に携わる小学校教員を養成する所であり、そのため政府は、特に師範学校に対して教育勅語を徹底させる方策を採った。

＊

一九二八（昭和三）年四月四日に赴任した大石先生は、その二日目後に始業が報じられて一年生が席におさまると、出席簿を持ったまま教壇を降り、次の一二名の出席を取り始めた。つまり、①岡田磯吉（ソンキ）、②竹下竹一、③徳田吉次（キッチン）、④相沢仁太、⑤森岡正（タンコ）、⑥川本松江（マッちゃん）、⑦西口ミサ子（ミイさん）、⑧香川マスノ（マアちゃん）、⑨木下富士子、⑩山石早苗、⑪加部小ツル、⑫片桐コトエ、男の子五名、女の子七名である（大石先生には、始業最初の日に「おなご先生」のほかに、「小石先生」という名が生まれた）。

この岬の村の分教場の子どもたちは一学期中一度も遅刻しなかった。しかも岬から本校に通っている五年生以上の三〇人の男女生徒も遅刻しなかった。

二学期に入った九月、二百十日の厄日には一年生の子どもたちの家は大きな被害を受けたので、大石先生は二学期第一日目の三時間目の唱歌の時、思いついて、生徒を連れて災難を受けた家にお見舞いに出かけた。しかしお見舞いの言葉をかけようとしたが、なんとなくぐずぐずしていたために、誰一人として取り合ってくれず、しかたなく道路の砂利の掃除をしかけると、香川マスノの母親からうしろ七日や二百二十日がひかえているので、

今日のところはざっとにしたほうがよいと言われた。

香川マスノは抱えていた石を捨てるのを忘れ、「仁太んとこよ先生。壁が落ちて押し入れん中ずぶぬれになってしもたん。見にいったら、中がまる見えじゃった。ばあやんが押し入れん中でこないして天井見よった」と顔をしかめてばあやんのまねをしたので、大石先生は思わず吹きだした。これを見た、よろずやのおかみさんはすごいけんまくを顔に出して走りよってきて、「人が災難に会うたのが、そんなおかしいですか」「そんならなんで人の災難を笑うたんです。おていさんに、道掃除などしてもらいますまい。とにかく、わたしの家の前はほっといてもらいます。――なんじゃ、じぶんの自転車が走れんからやってるじゃないか、あほくさい」と先生に暴言をはき、先生はびっくりして二の句もつげないで、二分間ほど考えこみ、生徒が心配そうにとりまいているのを見て、泣きそうな顔で笑って、ぽろんと涙をこぼしたのを子どもたちは見逃さなかった。

大石先生は人の災難を笑ったのではなく、本当のところはマスノの身振りがおかしかったのと、押し入れの話から、一学期のある日の仁太のことを思い出して笑ったのである。つまり奉安殿のなかった学校（たぶん岬の分教場にはなかったので）では天皇陛下の写真は押し入れに鍵をかけてしまってあったので、大石先生の「天皇陛下はどこにいらしゃいますか?」と問うと、相沢仁太は「天皇陛下は、押し入れの中におります」と答えたので、

「岬の分教場」（小豆島・二十四の瞳映画村）

教室（小豆島・二十四の瞳映画村）

このきばつな答えと仁太の家の「押し入れ」の崩壊とが相まって笑っただけであった。

奉安殿・奉安庫については、一八七二（明治五）年八月三日に政府は「学制」を頒布し、一君万民のイデオロギー形成の手段として天皇・皇后の写真を「御影」もしくは「御真影」として小学校に下賜して、一八八九（明治二二）年頃には「御真影」を奉置しての儀式が普及していった。一八九一（明治二四）年四月八日の「小学校設備準則」の第二条においては、「校舎ニハ天皇陛下及皇后陛下ノ御影並教育ニ関スル勅語ノ謄本ヲ奉置スヘキ場所ヲ一定シ置クヲ要ス」と規定した。これを定式化したのが、同年六月一七日の「小学校祝日大祭日儀式規定」であり、学校儀式は「御真影」に対する最敬礼万歳、学校長の教育勅語奉読と諭告、君が代、その他式日歌の合唱という順で行われた。同年一一月一七日には「小学校教則大綱」を制定し、教育勅語に基づき徳性涵養を最重視し、天皇・皇后の「御真影」と「教育勅語」を一定の場所に奉安するように訓令した。ここに奉安殿・奉安庫の設置が始まる。

一九〇〇（明治三三）年八月二一日の「小学校令施行規則」の第二十八条の第二項では、「職員及児童ハ天皇陛下　皇后陛下ノ御影ニ対シ奉リ最敬礼ヲ行フ」ことを規定した。明治三〇年代に入ると全国のほとんどの学校（私立学校も含む）に「御真影」と勅語謄本が配布された。特にこの「御真影」や勅語謄本の保管（保管施設は校舎内に設けたものは奉安庫、独立した建物を奉安殿と呼んだ）に関しては万一焼失、その他の不敬事件が起こると学校長、教員はもちろんのこと、町村長、郡長、知事まで厳しくその責任を追及された。戦争中においてこの保管場所の中の「御真影」及び「勅語謄本」を死守するために何人の学校長が犠牲になったかは不明である（奉安殿・奉安庫の廃止はかなり後のことであり、後述する）。

大石先生と生徒はよろずやのばあやんの言葉により気持ちのやり場がなかった。そこで大石先生は新教育の実践でもある教室の中での授業よりも外での授業をと、浜に出て子どもと一緒に「あわて床屋」「このみち」「ちんちん千鳥」「お山の大将」を歌うことで、大石先生も子どもたちも心から笑うことができた。これらの歌を歌い終わり、先生が一歩下がったとたん、「きゃあっ」と悲鳴をあげて先生が落とし穴に落ち込んだ。大石先生は足をくじき、自分で歩くことができず、男先生が大石先生をおんぶして船に乗せた。船の中で座らせたり、おぶったり、寝かせたりするたびに、大石先生は我慢していた口から思わずうなり声を出した。船が港を出ると女の子の「わあっ」という泣き声がたかまり、声をかぎりに叫ぶ者もいた。大石先生は身動きもできず、目をつぶったまま、だまってその声に送られていった。

大石先生は一〇日をすぎても、半月たっても岬の分教場には姿を見せなかったので、子どもたちは先生のほこりまみれの自転車をとりかこんではしょんぼりして、子どもの中には大石先生は二度と分教場にはこないのではないかと考える者もいた。村の人の中にはだれがどうというのではないが、不当に当たったことをひそかに悔いている者もいるようであった。

大石先生に早く戻って来てほしいと懇願したのは男先生であった。小さな村の小学校では唱歌は一週一度だったが、その一時間を男先生はもてあましていたのだ。はじめのうちは習った歌を合唱させたり、上手な子どもに独唱させたりしたが、何時までもごまかすわけにもいかず、男先生はオルガンのけいこを始め、そのために汗を流し、声をあげて歌うのであったが、木曜日頃になると（唱歌は土曜日の三時間目と決まっていた）、男先生は土曜日の三時間目が気になりだしていた。そのために急に気短になって、ちょっとしたことで生徒に当たり散らしたり、わき見をしたといっては叱りつけ、わすれものをしてきた生徒を教室の後ろに立たせたりしたので（教室の外に、つまり廊下に出して授業に参加させなかったのは男先生はすでに体罰ということを知っていたのか）、子どもたちは「おこりばっかりするようになったな」「すかんようになったな」と思うようになっていた。

男先生と奥さんは、大石先生の母親は「性わるの村」へ先生を二度と再びやるつもりはないのだろうと思っていた。男先生は自分からたのんで、この岬の分教場に来たのに、今になってオルガンの前で汗を流すなど、オルガンをたたきつけたいほど腹が立ったが、次第にうまくひくことができるようになり、少し自信がもてるようになった。そこで男先生は「そうだよ。ひとつ、しゃんとした歌を教えるのも必要だからな。大石先生ときたら、あほらしもない歌ばっかり教えとるからな。『ちんちんちどり』、だことの、『ちょっきんちょっきんちょっきんな』、だことの、まるで盆おどりの歌みたよな柔い歌ばっかでないか」と言い、「ここらでひとつ、わしが、大和魂をふるいおこすような歌を教えるのも必要だろ」と言い出したのは、一八九〇（明治二三）年一

オルガンと自転車（小豆島・二十四の瞳映画村）

〇月三〇日公布の「教育ニ関スル勅語」に述べられている徳目が影響を及ぼしている。しかも、一八九四（明治二七）年八月一日に始まった日清戦争、一九〇四（明治三七）年二月一〇日に勃発した日露戦争によって兵隊の士気を高める意図と子どものなよなよさをなくそうとしたからではないか。そこで男先生が子どもたちに教えたのは、『千引（ちびき）の岩』というような軍国主義を称えるような修身のような内容であった。この『千引の岩』を歌わされての帰り道で香川マスノはませた口ぶりで、山石早苗に「男先生の唱歌、ほんすかん。やっぱりおなご先生の歌のほうがすきじゃ」と男先生の唱歌の時間に不平をもらした。

一九二八（昭和三）年の初秋、一二人の一年生は「おなご先生の顔、見たいな」という気持ちの高まりの中、「おなご先生ん家へ、いってみるか、みんなで」と意見の一致をみた。一二人の一年生が村から一斉に消えたので、村中大騒ぎになった。家の者の不安をよそに、相沢仁太は用心深くシャツやズボンの四つのポケットを煎ったそら豆でふくまらせ、それを気前よくみんなに少しずつ分けてやりながら、いちばん嬉しそうな顔をしていた。ぽりぽり煎り豆をかみながら一行は出発した。途中でおなご先生の様子をあれやこれやと心配している中、前方から、警笛とともに、銀色の乗り合いバスが走ってきたので、一二人の子どもは一瞬に一つの気持ちにむすばれ、狭い道ばたの草むらの中に一列によけてバスを迎え、煙のような白い砂ぼこりをたてたバスが目の前を通り過ぎた時、その窓に大石先生の顔が見えたので、一二人の子どもは思わず道に飛び出すと歓声をあげながらバスのあとを追って走った。

新しい力がどこからわいてきたのか、一二人の子どもの足は早かった。途中でバスがとまり、おなご先生を降ろした。松葉杖によりかかって、みんなを待っていたおなご先生はそばまで来るのを待たずに「どうしたの、いったい」と大声で言った。一二人の子どもの中にはすぐに先生の所に行きたがる者もいたが、先生の手にすがりつくこともできず、なつかしさと、一種のおそろしさにそばまで行けずに立ち止まった者もいた。仁太が「先生の、顔みにきたん。遠かったあ」と口火をきると、他の一一人の子どもはみんなくちぐちに同じことを言い出したので、大石先生は顔は笑っていたが、頬には涙がとめどもなく流れた。この一二人の子どもが先生のまわりに集まっている光景は教聖ペスタロッチがシュタンツの孤児院で子どもに囲まれている絵を思い出す。

子どもたちは松葉杖をついた先生にまとわりつきながら先生の家に到着し、先生の家に一時間ほどいて、食事の世話までしていただいた。先生は喜んで一本松で記念の写真を撮っている（この写真は同窓会の時に再び出てくる）。松葉杖をついて浜に立ち見送る先生に対し、船の上から絶え間なく声をかける子どもたちだった。岬の港に戻ってきた子どもに親たちは度肝を抜かれたが、たぶん子どもから先生の家に行って、食事の世話や記念写真まで撮ってもらったことを聞いて、親たちは子どもを叱るのを忘れた。大石先生の人気はますます上がっていった。

村の人たちは大石先生の行為に対して、チリリンヤの加部小ツルの父親は大八車にリンゴ箱に荷物（米五ン合と豆一升。軽い煮干し、もう一つ米一升と豆五ン合）と小さな袋をいくつも運び込んだ。これは義理堅い岬の村人から大石先生への見舞いの米と豆であった。さらにこの小さい袋には子どもの名前が書かれていた。

出来上がった写真には一本松を背景にして、松葉杖に寄りかかった先生を一二人の子どもたちが立ったり、しゃがみこんだりして取り巻いている。大石先生が一人で写真を眺めている時、本校の校長（大石先生の父の友人）が見舞いがてらに「久子さん（大石先生の名前）も片足犠牲にしたんだから、岬勤めはもうよいでしょう。本校へもどってもらうことにしたんじゃがな」という吉報をもってきた。

大石先生も半年前であったならば大喜びであったであろうが、半年間の岬の分教場での先生と子どもとの関係はかなり密接なものとなり、誰一人としてその関係を切断することができないものになっていた。大石先生は校長先生に「あの、生徒と約束したんです。また岬にもどるって」と言って、大石先生は岬の村がいっそう懐かしくなり、思わず未練がましくもなっていた。後任は後藤という先生でもうすぐ四十歳の晩婚で、しかも乳呑み児がいたが、普通であったならば老朽で来年は辞めてもらう予定であったが、岬へ行けば三年ぐらい延びるので、後藤先生は自ら岬を希望したのだと校長先生は言ったが、大石先生はどうしても岬の分教場を退く決心がつきかねていた。この様子を見て、校長はお母さんに対して、「(大石先生は)大石くんに、似たとこがありますな。一徹居士なところ。なにしろ彼は、小学生でストライキをやったんだから、前代未聞ですよ」と。実際に大石先生のお父さんは、小学校四年生の時に受け持ちの先生に誤解されたことを怒って、級友をそそのかして一日ストライキをやったのだった。同級生であった校長先生も同情してみんなで一緒に村役場へ押しかけて行って、受け持ちの先生を取り替えてくれと訴えたのである。

校長が大石先生の家を訪れた翌日、大石先生は自転車に乗ることができなかったので、船に乗って岬の分教場に向かった。先生はいつもの洋服ではなく、絣のセルの着物に、紫紺のはかまを身につけ、何か一大決心をしているかのようであった。岬に近づいても、着物姿の先生に誰一人として気づかず、笑いかけてもわからなかったので、先生はしびれをきらして思わず片手をあげると、岬に集まった者は「やっぱり、おなご先生じゃァ」「おなご　せんせえ」「おなごせんせが、きたどォ」と叫び声をあげ、道中で先生は村の人たちにお見舞いの品に対する礼を言いながら、学校に向かった。しかし以前であったならば、女先生は見舞いを催促したと言われるところであった。真っ先に「せんせの足、まだ痛いん?」と聞いたのは相沢仁太であり、松葉杖ではなかったが、やっぱりびっこをひいているのを見ると、仁太はうたてかった（つらかった）のであろう。今度は加部小ツルが、「せんせ、まだ自転車にのれんの?」と聞いてきた。

このような様子を見て大石先生は、上陸第一歩で「お別れにきたのよう」と、船から降りた時に今日の目的をはっきりさせるべきだったと思った。それをくやみながら、「ね、遠い遠い道でしょ。そこを、ひょこたん　ひょこたん　と、ちんばひいて歩いてくると、日がくれるでしょ。それでね、だからね、だめなの」と言っても、森岡正は「そんなら先生、船できたら。ぼく、毎日迎えにいってやる」と、あくまでも先生を岬の分教場に迎える気持ちを子どもながらに示そうとした。すると大石先生は「そう、ありがとう、でも、困ったわ。もっと早くそれがわかってたらよかったのに、先生もう、学校やめたの」「今日は、だからお別れにきたの。さよなら、いいに」「みな、よく勉強してね。先生、とっても岬を好きなんだけど、この足じゃあ仕方がないでしょ。また、よくなったら、くるわね」と言ったので、子どもたちは先生の足もとを見て、山石早苗は目にいっぱい涙をため、それをこぼすまいとして、目を見ひらいたままきらきらさせている。感情をなかなか言葉にしない早苗のその涙を見たとたん、先生の目にも同じように涙がもりあがった。「わあっ」と泣き出したのは香川マスノだった。すると片桐コトエや西口ミサ子、気の強い加部小ツルまでがしくしくしくやりだした。泣き声の合唱である。香川マスノの音頭が大げさであったので、徳田吉次、相沢仁太まで泣きそうになり、それをがまんしているふうだった。このように別れの時は現在と何一つ変わりのない涙なみだの光景である。

大石先生は何一つとして授業をせずにお別れの挨拶をして帰宅する予定であったが、一、二年生の教室に入り、本当は算数の時間であったが、浜で歌うことになった。びっこの大石先生をとりまくようにして一二人の一年生が先頭を歩いた。歌が終わると大石先生は（怪我の日以来ほこりをかぶったままの自転車と一緒に）船に乗りこんだが、大石先生は岬の村を心の中にしみこませるように、いつまでも目を離さなかった。子どもたちの歌声は耳によみがえり、つぶらな目の輝きはまぶたの奥から消えなかった。

2 戦争前（四年生から六年生まで）

一九二八（昭和三）年四月一日に岬の分教場に入学した一二人の子どもは、一九三二（昭和七）年には五年生になり、本校に通うことになる。その四年間、村の山の姿や海の色は少しも変わっていない。

一九二五（大正一四）年三月に普通選挙法が成立し、さらに同年四月二日には「治安維持法」が公布された。この公布について、最近の映画『この世界の片隅に』において主人公が山の上から呉軍港に停泊していた軍艦を描いていて、憲兵らしい人物がそのような絵を描いてはいけないというシーンがあったことを思い出した。もし私のような者がこのことを公衆の前で発表したならば、公衆を煽動したとの嫌疑をかけられ、また今回の「組織的な犯罪の処罰及び犯罪収益規制等に関する法律」（一九九九年制定）に抵触するのであろうか。

一九二五（大正一四）年に制定された治安維持法では、当時の政府（加藤高明内閣）は、下級階級である労働者や農民たちを地盤とする無産政党の活動を危険と見なし、それの抑制を図った。この治安維持法の最初の適用は一九二六（大正一五）年一月一五日の「京大学生事件」である。この事件に関連して、学生社会運動の連絡系統関係者を治安維持法違反と認め、全国一斉に検挙が行われた。しかしこの学生思想運動取り締まりの強化は大きな反響を起こし、「京大法学部教授一同と経済学部教授有志」はこの取り締まりは不法であり、又東京、大阪の大新聞もこれに反対を唱えた。学生団体はこの取り締まりに抵抗し、同年（一九二六年）一一月に松山高校において校長の厳格な学校行政に対する排斥事件、東大社会科学研究会と七生社（右翼学生団体）との衝突事件、一九二七（昭和二）年に東京帝大新人会主催の「赤旗開きの会」、早稲田大学における安部磯雄、大山郁夫両教授留任運動に伴う学生処分事件、明大読書会解散事件、二高学生大会における校長排斥事件、関西学院同盟休校事件などと当局との厳重なる紛争が生じた。

この学生思想問題対策のために、一九二八（昭和三）年一〇月三〇日に文部省は専門学務局に学生課を新設し、翌一九二九（昭和四）年七月一日にはそれを強化して学生部を設置し、一九三一（昭和六）年六月二三日には文部省に学生思想問題調査委員会を設置し、一九三二（昭和七）年五月二日には学生思想問題調査委員会では思想対策について答申し、八月二三日には国民精神文化研究所が設置され、国民精神文化に関する研究・指導及び普及をつかさどり、文部省は思想問題講習会を各地に開催し、教員の思想対策を講じ、一九三三（昭和八）年二月四日には長野県下の共産党事件に関連して小学校教員が多数検挙された（四月までに六五校一三八名）。一九三四（昭和九）年六月一日には学生部を改めて思想局を設置し、学校及び社会教育団体における思想上の指導・監督及び調査その他を担当し、思想対策の強化を図った。

一九二七（昭和二）年三月一五日に始まる金融恐慌により日本経済は大混乱に陥り、一九二九（昭和四）年一〇月二四日にはニューヨーク株式市場で株が大暴落し世界大恐慌が始まる。日本は大不景気な世の中になり、しかも東北や北海道は大飢饉に見舞われた。不況の深刻化に伴い、岬の村の分教場の子どもは一人一銭ずつの寄付金を学校に持って行った。特に町村の教育費支出の減退がみられ、一部の町村では小学校教員に対する給与の遅配、強制寄付などという事態が起こった。一九三〇（昭和五）年に文部省が行った調査によれば、教員俸給の全部または一部の支払いを延期する町村は全国町村総数の約一割を占めるありさまであった。この窮状に対する対策として、一九三一（昭和六）年公立小学校教員俸給の引き下げが行われ、一九三二（昭和七）年九月六日「市町村立尋常小学校費臨時国庫補助法」が公布された。

一九二七（昭和二）年四月一日「兵役法」が公布され、一九二八（昭和三）年三月一五日には第二次共産党員大検挙（三・一五事件）では千数百名が検挙された。翌年一九二九（昭和四）年四月一六日、日本共産党をはじめとする無産政党員の大量検挙が行われた（四・一六事件）。その後一九三一（昭和六）年九月一六日には満州事変、一九三二（昭和七）年一月二八日に上海事変が起こっている。一九二七年に公布された「兵役法」により岬からも何人かの兵隊が送り出されている。

一九三二（昭和七）年、五年生になった子どもたちは本校に通うようになっていた。子どもは一九二八（昭和三）年に岬の分教場に入学したのは一二名であった。つまり岡田磯吉、竹下竹一、徳田吉次、森岡正、相沢仁太、川本松江、西口ミサ子、香川マスノ、木下富士子、山石早苗、加部小ツル、片桐コトエであったが、相沢仁太は落第のために本校に通えなかった。この四年の間に大石先生は結婚をしていた。

一一名の子どもは、大石先生が本校に来ているかどうかかけをしようとしたが、一一名が全員大石先生は来ているとなったので、かけは流れた。新入生一一名の子どもがきまじめな顔をして校門をくぐると、職員室の窓から大石先生が見ていて、おいでおいでと手を振っていたので、一一名の子どもはその方へ走り寄っていった。しかし川本松江は、本校に一日来ただけで、母親が亡くなってからは一度も教室に姿を現さなかった。大石先生が百合の花の絵のついた弁当箱をみやげに松江の家を訪ねたのは、母親が亡くなってからひと月ぐらいたっていた。何故百合の花の絵のついた弁当箱をみやげにしたかは、母親が松江に買ってやることを約束したのを大石先生は聞いていたからである。父親は松江が学校に行けるようになるのは「赤ん坊が死なないかぎり、松江を学校にはやれぬ」と言ったが、大石先生は事情が事情なので、松江を学校に通わせてくれとは強く言えなかった。この父親の言葉を聞いて、松江の顔は頭のはたらきを失ったかのようにぼんやりしていた。

大石先生は「早く、学校へこられるといいわね」と松江に言ったが、これは赤ん坊に早く死ねということであり、思わず顔を赤くした。赤ん坊（大石先生が名付け親でユリエ）は間もなく亡くなったが、松江は学校には一〇日以上姿を見せなかった。大石先生は松江に手紙で「みんなといっしょに、べんきょうしましょう」と書いたが、それは無理な注文であることはわかっていた。松江にはまだ弟妹が二人おり、五年生になったばかりの松江は幼い頭脳と小さい体で、無理矢理一家の主婦の役を受け持たされていた。どんなにそれがいやでも抜け出すことができなかったのだ。

このような状況が生じないように、一八八六（明治一九）年四月一〇日の「小学校令」の第三条に「父母後見人等ハ其学齢児童ヲシテ普通教育ヲ得セシムルノ義務アルモノトス」と規定し、さらに一八九〇（明治二三）年一〇月七日の「小学校令」の第二十条では「学齢児童ヲ保護スヘキ者ハ其学齢児童ヲシテ尋常小学校ノ教科ヲ卒ラセル間ハ就学セシムルノ義務アルモノトス」、さらに一九〇〇（明治三三）年八月二〇日の「小学校令改正」の第三十二条では「学齢児童保護者ハ就学ノ始期ヨリ其ノ終期ニ至ル迄学齢児童ヲ就学セシムルノ義務ヲ負フ」と規定している。しかし子どもを守る制度はなかった。

その結果、川本松江という子どもは学校に通うことなく、「大阪に行った」という報告を受けただけである。大石先生は一人の子どもを失って、ハンケチを顔にあてて「くっくっ」と泣き出した。その様子を見ていた加部小ツルと片桐コトエ、山石早苗、香川マスノも目に涙がもりあがった。そのあともしばらく、窓際の前から三番目の松江の席はあいたままで、松江がたった一日座った席に大石先生はだまって腰をかけた。松江からの便りもなかったので、大石先生も何一つ聞かず、一〇人の岬の村の分教場出身の子どもの心からは松江の姿は追い出され、「別れのあいさつにもこずに、どこかへいってしまった五年生の女の子」と、心の奥の底で嘆き悲しみ嗚咽するしかなかった。

一九三三（昭和八）年の三月のはじめに大事件が勃発した。一九二五（大正一四）年四月二二日に公布された「治安維持法」により、同僚の片岡先生が「あか」という容疑で警察に引っぱられるという事件があった。しかし片岡先生はただの参考人で、校長がもらいさげに行っているので、すぐに帰ってくるものと思われた。中心人物は片岡先生ではなく、近くの町の小学校の稲川という先生で、稲川先生が受け持ちの生徒に反戦思想を吹き込んだためであった。片岡先生と稲川先生とは師範学校の同級生であり、一応調べられたが、全く関係がないことがわかった。その証拠品は稲川先生が受け持っている六年生の文集『草の実』であるというが、片岡先生の自宅にも、学校の机にもなかった。しかし大石先生はこの『草の実』の中の綴り方に感心して、自分の担任している組の者に読んで聞かせたりしていた。

このことを聞いた教頭は急にあわてて「それ、今どこにある？」と問われたので、大石先生は「わたしの教室に」と言うと、「とってきてください」と言われ、謄写版の『草の実』は、すぐに火鉢にくべられた。まるで、ペスト菌でもまぶれついているかのように、あわてて焼かれた。翌日の新聞は稲川先生のことが大きな見出しで「純真なる魂を蝕む赤い教師」と報じた。それは田舎の人々の頭を玄能（げんのう）でどやしたほどの驚きであった。生徒の信望を集めていた稲川先生は一朝にして国賊に転落させられた。稲川先生は二度と教職に就くことは不可能だったのではないか。「あ、こわい、こわい。沈香もたかず、屁もこかずにいるんだな」と次席訓導がつぶやいた。他の先生は意見や感想を述べようとはしなかったが、大石先生は稲川先生の教え子たちが一人一つずつの卵を持ち寄って、寒い留置場の先生に差し入れてくれたと、警察に押しかけたという新聞記事に目をとめていた。

　大石先生は国語の時間に冒険を試みた。つまり「家で、新聞をとってる人？」「新聞をよんでいる人？」「あかって、なんのことか知ってる人？」「プロレタリヤって、知ってる人？」「資本家は？」「労働者は？」と子どもに聞いたが、大石先生自身も正しい解答を知らなかった。ところがすぐにこのことを口にするのをとめられた。ただあれだけのことがどこからもれたのか。大石先生は校長先生に呼ばれて、「気をつけんと、こまりまっそ。うかつにものがいえんときじゃから」と注意された。いつも明るい大石先生の顔をいつとなくかげらす元となった。大石先生は消しがたいかげりをだんだん濃くしていった。

このように教師が政治に口を出すことを禁止したのは、教員の服務について一八九一(明治二四)年一一月一七日の「小学校校長及教員職務及服務規則」によって教員は教育勅語を奉体して教職＝聖職に服務することを義務付けられ、直接間接に厳しく監督される体制が出来上がったのだ。一八八〇(明治一三)年四月五日公布の集会条例により、教員の政治的活動は厳しく禁止されていた(軍人・教員・生徒が政治に関する集会に出席し、また政治団体に加入することを禁止)。憲法や新しい地方制度に基づく国会や地方議会の選挙においても教員は立候補が禁止され、教員団体は「純粋ナル教育事項」以外の一切の「政論」を禁じられた。

教員の服務分限に関して、一八九三(明治二六)年一〇月二八日「教育会ノ名称ニ於ケル団体ニシテ純粋ナル教育事項ノ範囲ノ外ニ出テ教育上又ハ其他ノ行政ニ渉リ時事ヲ論議シ政事上ノ新聞雑誌ヲ発行スルハ一種ノ政論ヲ為ス者ト認メサルヲ得ス」として「此等団体ノ会員タルヲ許サヾル者トス」という「箝口訓令」を発した。文部大臣は一八九八(明治三一)年八月一一日「集会条例違反者の教職禁止令、教員・学生らの政治活動を禁止した諸訓令、内訓令」を廃止した。

一九三三（昭和八）年の秋、本校の六年生はいつもの伊勢参りをやめて、近くの金比羅に修学旅行に行くことになったが、二組あわせて八〇人の生徒のうち、行けると言う者は六割だった。岬の分教場出身の子どももぎりぎりの日まで決定できなかった。その理由は、

岡田磯吉（ねしょんべんのため）
香川マスノ（風邪を引くといけないから）
森岡　正（数回金比羅さんに行ったことがあるから）
加部小ツル（家が大きな船を購入したため）
木下富士子（借銭が山のようにあるため）
西口ミサ子（よくばりだから）
片桐コトエ（兄弟が多いため）
山石早苗（兄弟が多いため）

と様々だった。

ところが前々日になると旅行志願者は急にふえて、岬の子どもは香川マスノを除いて皆行くことになった。徳田吉次は山出しをしてもうけた貯金をおろして申し込み、岡田磯吉

は豆腐や油揚げを売り歩いてもらった歩金を貯金していた。森岡正や竹下竹一も行かないわけはなかった。正は綱ひきでもうけた貯金を思い出して、竹一も卵を売ってためた金で行くことになった。男の子の方が四人共に行くとなると、女の子もだまっていられなく、一番心配のない西口ミサ子が木下富士子をさそい、加部小ツルも片桐コトエも修学旅行に行くことができるようになった。山石早苗も一緒に旅行に行けるようになったが、修学旅行出発当日風邪気味で行けないと言ってきたが、本当の理由は、売りに行った珊瑚の玉のついたかんざしが思う値で売れず、洋服が買えなかったためである。

　岬の村の分教場出身の一二人の子どものうち行方不明の川本松江、落第した相沢仁太、着てゆく洋服が買えなった山石早苗を除いて、九名が修学旅行に参加し、男と女先生が二人ずつ（大石先生も加わっていた）同行した。大石先生の頭の中には修学旅行にたった一人行けなかった山石早苗のことが頭から離れず、かわいそうに思えてしかたがなかった（但し、香川マスノは母たちの家に移住していたので、もう岬の仲間ではなくなっていた）。学校で先生のいない教室でしょんぼり自習している早苗や、その他の旅行に不参加の子どもたちを不憫に思った。

　旅行中大石先生はぞくりとするふるえが時々全身をおそい、膝のあたりに水をかけられるような不気味な気分に襲われ、秋色を楽しむ心のゆとりもわかず、不参加の子どもたちのために、土産物屋で同じ絵葉書を幾組も購入した。同僚の田村先生に「大石先生、あおい顔よ」と注意されるとよけいぞくりとした。大石先生と田村先生は男先生たちに事情を言って、あついウドンでも食べようとして、せまい土間の天井を季節の造花もみじで飾ってある店に入ると、中から「いらっしゃーい」と叫び声が聞こえた。先生にとってはいさかの疑問ももたない叫び声であった。日本髪に、ませたぬき衣紋の変わった姿とはいえ、長いまつ毛はもう疑う余地はなかった。大石先生に「松江さん、あんた、マッちゃんでしょ」と言われ、桃割れの少女はいきをのんで一歩さがり、先生を見るとしくしく泣き出した。大石先生はその少女の肩をかかえるようにして縄のれんの外に連れ出すと、店の奥から出てきて「どなたですか。だまってつれ出されたら、こまりますが」と言うおかみさんに対して、松江は「大石先生やないか、お母はん」と言っておかみさんの疑いを打ち消した。

一九三三（昭和八）年三月二七日、日本は国際連盟を脱退して、田舎の隅々までゆきわたるほどの好戦的な空気に包まれて、男の子たちは英雄の夢を見ていた。岬の子ども（男の子）は軍人になって出世することを夢見ていた。その修学旅行から大石先生は体調をくずし、三学期も二〇日近く学校を休んだので、山石早苗から「大石先生がいないとせえがないと、小ツルさんや富士子さんもいっています。男子もそういっています。先生、早くよくなって、早くきてください」という手紙が来てふと涙ぐんだ。

一九三四（昭和九）年には岬の子どもたちは卒業を迎え、大石先生自身は病身（本当は子どもが産まれる）で学校を休みがちであったにもかかわらず、卒業後の子どもの進路が気になっていた。

①山石早苗：一番良くできるので、師範へ行き先生になる予定。やがて本校に教師として帰ってくる

②川本松江：本校に一日しか通わなかったが、大石先生には気になっていた。母の死後、はかりしれぬ境遇の中でどのような生活を送っているのか

③香川マスノ：音楽学校に入るために女学校に行く。だが音楽学校はおばあさんと父の反対で行かず。高等科へ

④西口ミサ子：女学校に行きたかったが、無試験の裁縫学校に行く

⑤片桐コトエ：六年生でやめた。修学旅行に行かせてもらうための約束。お母さんに孝行するため。妹（敏江）が本校を卒業したらお針屋に行き、一八歳になったら大阪へ奉公

⑥加部小ツル：高等科を終えると産婆学校に行く

⑦木下富士子：未定。家屋敷が人手にわたるため、兵庫へ行った
⑧竹下竹一：中学校に行く。幹部候補生になる
⑨森岡 正：高等科、卒業して兵隊に行くまで漁師。下士官になる
⑩岡田磯吉：大阪に奉公〈質屋〉に出て、夜学に行く
⑪徳田吉次：高等科
⑫相沢仁太：落第のために一緒に卒業せず

大石先生は一九〇七（明治四〇）年四月一七日の「師範学校規定」の第一条第一項の「忠君愛国ノ志気ニ富ムハ教員タル者ニ在リテハ殊ニ重要トス故ニ生徒ヲシテ平素忠孝ノ大義ヲ明ニシ国民タルノ志操ヲ振起セシメンコトヲ要ス」の規定により、毎日忠君愛国を口にする子どもにうかつにもののいえない窮屈さにうんざりしていた。子どもの心に忠君愛国の教えと、戦争に行って「死ぬ」ことを毎日毎日教えることが苦痛であった。

一九三四（昭和九）年四月には子どもが産まれるのを機に学校を辞めることを決意して、母親に「つくづく先生いやんなった。三月でやめようかしら」「男の子ったら半分以上軍人志望なんだもの、いやんなった」「このごろみたいに防空演習ばっかりあると、船乗りの嫁さん（大石先生の夫は船乗りさん）、いのちちぢめるわ。（中略）今のうちに船乗りや

めてもらおかしら。（中略）せっかく子どもが生まれるのに、わたしはわたしの子にわたしの二の舞いふませたくないもん。やめてもいいわね」「とにかくわたし、先生はもういやですからね」と言っている。

大石先生のわがままな言い方の中に、人間の命をいとしむ気持ちがあふれていた。大石先生はおちついて再び学校に通うようになったが、新学期の日に新入生を前にして別れの挨拶をして、学校を去った。同僚の先生の中には惜しんだり、うらやむ者もいたが、大石先生をひきとめようとしないのは、大石先生のことがなんとなく目立ち、問題になっていたからであるという表面上の理由であった。だが本当の理由は、大石先生に生徒が良くなつくという、同僚先生の嫉みがあったのではないか（ここにも先生同士の了見の狭さがみうけられる）。

全校生徒の前に立った大石先生はしばらくだまって皆の顔を見回すと、新しい六年生の一番うしろに立って一心にこちらを見ている相沢仁太に気づくと、自然に涙があふれ、用意していた別れの挨拶が出てこなかった。大石先生は壇をおりてはじめて高等科の列の中に森岡正、徳田吉次、加部小ツル、山石早苗がいることに気づいた。昼休みに別棟の女の子の教室に行って小ツル、早苗に別れを告げた。マスノは高等科に残ったが「ふがわるい」と言って休んでいる。富士子は兵庫へ行ったという。小ツルに対して先生は「いい産婆さんになってね」、早苗に対しては「いい先生になってね。早苗さんはもっと、おしゃべりのほうがいいな」というせんべつの言葉をかけ、コトエに対しても「からだ大事にして、いい嫁さんになりなさいって」伝えてくれるように、と早苗と小ツルに伝言した。男の子には会わずに「タンコさん（森岡正）ソンキさん（岡田磯吉）、キッチンくん（徳田吉次）らに、よろしくね。気がむいたら、遊びにきなさいっていってね」と小ツルに伝えると、小ツルは「先生、わたしらは」と揚げ足をとった。その時前回先生の家に行った際に撮った写真を一枚ずつ渡した。

学校を退いた翌日、大石先生は解き放たれたよろこびよりも、大事なものをぬきとられたようなさびしさにがっかりして昼寝をしていた。すると竹下竹一と岡田磯吉が一緒に訪れてくれたが、二人はあがることなく、次のバスで帰ると言ったので、バス停まで送りがてら途中で二人の現状を聞いている。大石先生はもらいものの切手帖とはがきを新しいタオルにそえて包んだものを磯吉に、ノート二冊と鉛筆一ダースを竹下に餞別として渡した。別れ際に大石先生は、「みんなの大きくなるのが見たいんだから。なんしろ、あんたたちは先生の教えはじめの、そして教えじまいの生徒だもん。仲よくしましょうね」と言うと、磯吉は帽子を取って「せんせ、ながながお世話になりました。そんなら、ごきげんよろしゅ」と言った。大人ものらしい鳥打帽と新しい学生帽をかぶった二人が、バスのうしろの窓から手をふる姿が見えなくなるまで見送ると、大石先生は海辺に降りて、岬に向かって「ながながお世話になりました。そんならごきげんよろしゅ……」とつぶやいた。

3 戦争前（昭和一六年一二月八日まで）

一九三四（昭和九）年、大石先生が本校を退職して三年後、即ち一九三七（昭和一二）年に文部省は教育行政機構を改変し、思想局時代には学会の開催、思想情報の収集、思想対策、教員再教育などのために、同年五月三一日に『国体の本義』を刊行した。同年七月二一日思想局を廃止し、外局として教学局を設置して、一九四一（昭和一六年）七月二一日には『臣民の道』を刊行して、戦時下の思想錬成に必須の読み物として一般国民、特に教育界に頒布された。これは全国に普及し、教員研修に欠くことのできない教科書となり、思想指導に大きな役割を果たした。文部省は「八紘一宇」「東亜共栄圏」のイデオロギー強化に乗り出し、政府も戦時体制を推進する教育体制を確立していった。

同年七月七日、盧溝橋事件に端を発した日中戦争（日華事変、日支事変）勃発で、国としては国民に対する教化活動をさらに拡大する必要が生じた。即ち、国際情勢の緊迫に伴い、戦時体制は次第に強化され、国防上及び労務動員上多くの要員が必要とされ、国家主義的・軍国主義的傾向が強まった。政府は同年八月二四日の閣議で「国民精神総動員実施要綱」を決定し、国民精神総動員運動が始まる。それは挙国一致、尽忠報国、堅忍持久をスローガンとして、日本精神の昂揚を期する国民運動とするとともに、国策遂行の基盤にしようとした。この要綱に基づいて、一九三八（昭和一三）年四月一日「国家総動員法」が公布された（五月五日施行）。

このような世の中では、寝言でも国の政治には一切口出しができず、戦争に勝つことだけを信じ、身も心も戦争の中に投げ込めと、子どもたちも一般の人たちも教え込まれた。文部省は子どもの純粋な教育ではなく、国防国家体制を促進するために、一九三八年六月一九日「集団的勤労作業運動実施ニ関スル件」を通牒し、学徒動員強化の道を歩みだした。一九三九（昭和一四）年七月八日には「国民徴用令」が公布され、学校における集団勤労作業の実施は国家的要請に基づくものであった。さらに一八九〇（明治二三）年公布の「教育ニ関スル勅語」の要旨をくんだ「青少年学徒ニ賜ハリタル勅語」が、一九三九年五月二二日に学生・生徒・児童に下賜され、国民の道に則る皇国民の錬成という戦時教育を強化することとなった。これは一九四一（昭和一六）年三月一日に「小学校令」を全面改正して「国民学校令」を公布し、その第一章目的の第一条で「国民学校ハ皇国ノ道ニ則リテ初等普通教育ヲ施シ国民ノ基礎的錬成ヲ為スヲ以テ目的トス」の趣旨に一致している。

このような中で、大石先生は三人の子の母となっていた。「長男の大吉、二男の並木、末っ子の八津」である。大石先生は長男の大吉のためにカバンを買って一本松に帰るバス停の所で、六〇を二つ三つ過ぎたと見える一人のおじさんに出会ったが、このおじさんは

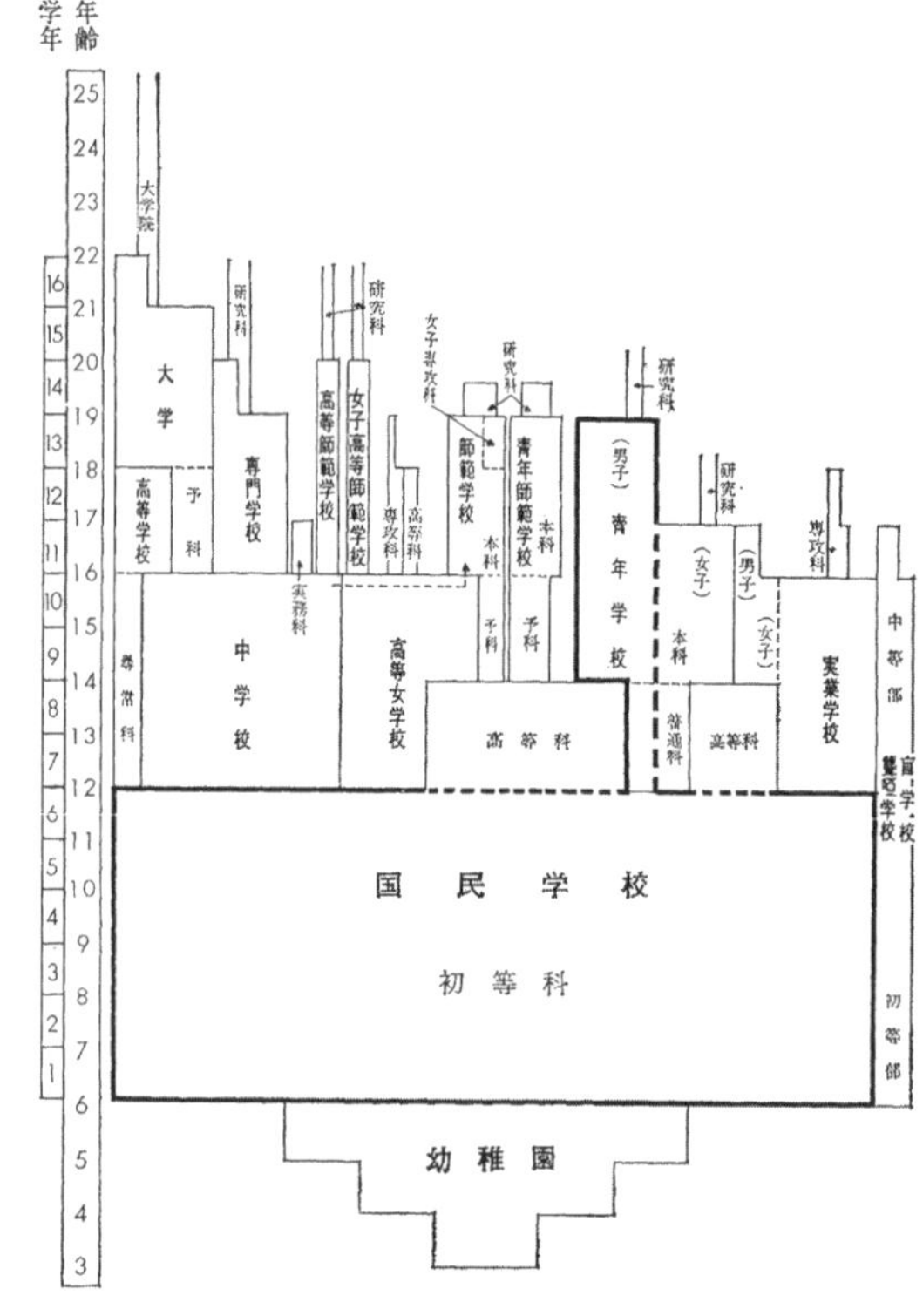

昭和19年　学校系統図（文部科学省）

大石先生のお父さん嘉吉のことを知っていた。大石先生は父が死んだ時には三歳であったので、父のことは何一つ憶えてはいなかったので、おじさんに父のことをもう少し聞いてみたかった。しかし年寄りの方のなんとなくあらたまった態度を見たので、大石先生はそれ以上のことを聞くのを躊躇した。

一九二七（昭和二）四月一日に公布された「兵役法」であったが、本校の卒業生も二〇歳になっていた。大石先生は上りのバスが警笛をならしながら近づいてきたが、上り客でないことと示すために標識から離れたが、止まったバスから若い男ばかりが降りてきた。丁度この日は公会堂で徴兵検査が行われる日であった。国家が国民の義務として一定の年齢に（当時日本では満二〇歳）に達した男子を兵役につかせるために徴兵検査が行われていた。バスから降りてきたのは岬の出身の子ども、つまり相沢仁太、岡田磯吉、竹下竹一、森岡 正、徳田吉次であった。

①相沢仁太：父親を手伝い、石鹸製造

②岡田磯吉：大阪の質屋で働く

③竹下竹一：東京の大学の三年生

④森岡 正：神戸の造船所で働く

⑤徳田吉次：岬の村で山伐（やまき）りや漁師

一九三六（昭和一一）年の徴兵検査をうけた中で中学校の教育を受けたのは竹下竹一のみで、他の者は中学教育を受けずに仕事に就くか、家業の手伝いをしていた。

一九二五（大正一四）年四月一三日に「陸軍現役将校学校配属令」公布、「教練教授要目」を制定した。即ち、この配属令により中学校以上で、現役将校による学校教練が週一・五時間から三時間実施された。しかしこの配属令はすみやかに受け入れられたのであろうか。当時学校は財政上困窮していた。陸軍省は学校の困窮を脱する手段として補助金をという提案を行った。学校は背に腹は代えられず、特に教員の給料の未払いを回避し、教員の環境を改善して十分な学校教育（授業）が行われるようにしたかったために、もしこの配属令を受け入れなかったならば補助金は配布されないので、学校はこの配属令を受け入れざるを得なかったのではないか。

しかし、この陸軍現役将校は教育に全く関心がなく、しかも教育に対する使命など全く持っていなくて、ただ生徒の身体的な教練、要するに生徒を戦争の遂行に耐えうる者に育成することだけに関心があった。ここにおいては精神的な、情緒的な、知的な教育よりも身体的に強靭な者を育てる教育が行われたのではないか。要するに古代スパルタにおける教育、即ちスパルタ教育が行われたのだ。つまりこの「教練」教育の目標は「形式ヲ重視スルトコロガ軍隊教育、シタガッテ学校教練ノ最重要ナル点デアル」として、内実を伴わない形式重視、つまり軍隊教育に類似した暴力的な制裁を伴うのは当然であった。この時期の学校では本来的な意味での教育は行われず、国（特に軍）によって教育は侵害された。このような軍隊教育を受けた竹下竹一は同僚の四人にもこの教育の様子を知らせているのは当然であり、五人は軍国少年になるように洗脳されているはずであり、この徴兵検査に何一つとして躊躇することなく自ら進んで受けている。ここにも若い時の教育によって人間は大きく変化するものであることがわかる。

一九三六（昭和一一）年、大石先生が一九二八年四月に岬の村の分教場ではじめて担任をもって八年の歳月で、この五人の男の子は見上げるばかりにたくましく育っていた。先生にとってはこの五人が鉄砲の弾の的になると思うと胸が裂ける思いがこみ上げてくるのを抑えることができなかった。しかしそれを表情には一切出すことができなかった。それは一九二五（大正一四）年に公布された「治安維持法」のためであった。これにより国民の言論、思想の自由は踏みにじられたのである。

この法律は一九二八（昭和三）年六月二九日と一九四一（昭和一六）年三月一〇日、二度にわたって改正された（戦後、即ち、一九四五〈昭和二〇〉年一〇月四日に占領軍〈GHQ〉の指令、「政治、信教並びに民権の自由に対する制限の撤廃に関する覚書」により廃止される）。そのために国民は三匹の猿を強いられていたのだった。

大石先生はおじさんとの語らいで、元先生であった稲川先生のことを思い出した。この「治安維持法」に違反したかどで牢獄につながれ、出てきても復職はおろか、正当な扱いを受けることはなかった。稲川先生が世間を離れたのではなく、世間が稲川先生を寄せ付けなかったことを思い出した。このおじさんと大石先生の父は、船に乗ってさえいれば兵隊に行かずにすんだのにと言う。つまり徴兵がいやだったと。おじさんは五年がかりで免状乙一を取得したが、大石先生の父嘉吉は一年早く免状を取得していた。父は難船して行方不明になり、おじさんは試験に合格したのをよろこんでもらえなかったことをくやんでいるように見えた。しかし、大石先生は父がはつらつとした好ましい青年であったことを知って、心が少しなごむような気分になった。

大石先生はおじさんと別れ、バスに乗ってじっと目をつぶって、思い出すのはさっき別れた教え子の後ろ姿であった。けもののように素っ裸にされて検査官の前に立ったあの若者たちが、兵隊墓に白木の墓標を増やすことになるのかと心配した。要するに、「なんのために竹一は勉強し、だれのために磯吉は商人になろうとしているのか。子どものころ下士官を志望した正は、軍艦と墓場をむすびつけて考えているだろうか。（中略）仁太だとて、その心の奥に何もないとはいえない。（中略）みんな兵隊となってどこかの果てへやられることだけはまちがいないのだ。無事帰ってくるものは幾人あるだろう。（中略）男も女もナムアミダブツで暮らせということだろうか。どうしてものがれることのできない男のたどる道」といろいろ思いめぐらし、男の子のたどるべき道の将来を心配していた。

岬の村の分教場の七人の女の子も二〇歳になっているはずである。

①西口ミサ子：女学校に行きたかったが、無試験の裁縫学校ミドリ学園から東京の花嫁学校に入り、在学中に養子を迎え、子どもを生んだ

②香川マスノ：何度も家出を繰り返し、家出中に知り合った年を取った男と結婚し、自分の家の料理屋を切りもりしている

③片桐コトエ：六年生でやめて、大阪に女中奉公に出たが、肺病に罹って骨と皮になって帰っている

④木下富士子：高等科に進まず、親に売られ、遊び女として、一家の命をつなぐために、はじめて人生というものを知った。富士子をさげすみ、おもしろおかしくうわさする者もいた

⑤川本松江：高松の縄のれんの店で新しい母親と働いている

⑥山石早苗：優秀な成績で師範を出て母校（本校）に奉職している

⑦加部小ツル：大阪の産婆学校を優秀な成績で卒業し、実地の勉強を兼ね郷里に帰るのが目的であった

大石先生は一本松のバスの停留所が近づいても、はからずも出会った教え子に刺激されて、もろもろの思いがよぎり、あわてて下車した。下車すると大吉が迎えに来ており、「ランドセルウ」を受け取り、肩をふって走っていく後ろ姿には、無心に明日へのびようとするけんめいさが感じられた。「その可憐なうしろ姿の行く手にまちうけているものが、やはり戦争でしかないとすれば、人はなんのために子をうみ、愛し、育てるのだろう。砲弾にうたれ、裂けてくだけて散る人の命というものを、惜しみ悲しみ止めることが、どうして、してはならないことなのだろう」と、自分の息子の後ろ姿に思いをはせている。息子大吉の後ろ姿に、竹一、磯吉、吉次、仁太、正の姿をかさねて、気持ちが暗くなっていった。つまり、大石先生は小学校に入学するばかりの子にさえこのように思うと、何十万何百万の母たちの心というものがどこかのはきだめに、ちりあくたのように、マッチ一本で灰にされているような思いがした。

大石先生の三人の子どもはまだ学校において戦時教育を受けていないにもかかわらず、世の中が戦時体制に突入して、この若い三人の子どもさえ「ハタキと羽子板を鉄砲」にして「お馬にのったへいたさん（中略）へいたいさんは　大すきだ」と歌うのを大石先生の母は嬉しそうに見ているが、大石先生は不機嫌になった。要するに、大石先生とお母さんとでは状況の把握の仕方（大石先生のお母さんには男の子がいなかったから）に違和感があった。大石先生は一人の母親として三人の子どもを懐につつみこんで、「こんな、かわいい、やつどもを、どうして　ころして　よいものか」という母親の気持ちを三人の子どもが理解するにはあまりにもおさなすぎた。

4 戦争中（昭和二〇年八月一五日まで）

一九二七（昭和二）年四月一日公布の「兵役法」の「国防国家体制」の中で一九三八（昭和一三）年四月一日には「国家総動員法」が公布され（五月五日に施行）、文部省は同年六月九日「集団的勤労作業運動実施ニ関スル件」を通牒し、作業の実施期間は夏季休暇の始期終期、その他適当な時期において、中等学校低学年は三日、その他は五日を標準とし、その対象は農事、家事の作業、清掃、修理、防空施設や軍用品に関する簡易な作業、土木に関する簡易な作業を選んだ。これは当時の実践的な労働教育の考えに基づいていた。

翌一九三九（昭和一四）年三月に文部省は中等学校以上に対して集団勤労作業を漸次恒久化し、学校の休業時だけではなく、随時これを行い、正課に準じて取り扱うことを指示した。勤労作業の対象は主として木炭増産、飼料資源の開発、食糧増産等であった。一九三九年七月八日の「国民徴用令」公布に基づき「徴兵検査」が実施され、これによって若者は品評会の菜っ葉や大根のようにその場で兵種が決められた。そして戦線の逼迫により、入営するとすぐに戦線に送られ、歓送歓迎は年中絶え間なく、その間には声なき「凱旋兵士」の四角な白い姿も戻って来た。一九四〇（昭和一五）年七月二六日には「基本国策要綱」を閣議決定し、「国防国家体制」樹立の方針を確定した。一九四一（昭和一六）年二月、文部省は「青少年学徒食糧飼料等増産運動実施要綱」を通達し、この運動を「国策ニ協力セシムル実践的教育」であるとし、「一年ヲ通ジ三十日以内ノ日数ハ授業ヲ廃止」して作業に当てることができ、その日数、時数は授業したものとして認めた。同年八月八日、文部省は学校単位に「学校報国隊」の編成を訓令した。

学徒の動員体制は次第に強化され、軍要員と軍需生産要員の充足に応じるために、一九四一（昭和一六）年十月八日、文部省は「中等学校最高学年在学者に対する臨時措置に関して」を通達し、最高学年の修業年限を実践的に短縮した。また同年一〇月一六日「大学学部等ノ在学年限又ハ修業年限ノ臨時短縮ニ関スル件」を公布し、大学学部、専門学校等の修業年限を一九四一（昭和一六）年度に卒業すべき者については三ヶ月短縮すること、さらに同年一一月一日には大学学部、予科、高等学校、専門学校等の修業年限を一九四二（昭和一七）年度に卒業すべき者については六ヶ月短縮し、一部の実業学校の修業年限を同年度に卒業すべき者については三ヶ月短縮することとした。一九四一（昭和一六）年九月六日の御前会議で対米英開戦の準備がなされ、同年一〇月一八日東条内閣が成立し、同年一一月二二日「国民勤労報国協力令」が公布され、勤労奉仕の義務法制化がなされ、同年一二月八日米英に宣戦布告して太平洋戦争が起こった。

大石先生は入営する子どもたちに「いくばくかの餞別」と「一本松で撮った写真」を各人に送っている。しかしこの年にすでに入営していた仁太、吉次、磯吉、竹一、正は村にはいなかった。太平洋戦争に突入すると教育の戦時体制は強化され、一九四一年一一月二二日公布の「国民勤労報国協力令施行規則」に基づいて、一九四二（昭和一七）年一月九日「学徒動員令」が出され、学徒の勤労動員が開始され、戦局の進展は学校教育に関して全面的な戦時非常措置をとらざるをえなくなった。一九四二年六月五日のミッドウェーでの海戦は、海ぞいの村の人たちをことばのない不安とあきらめのうちに追いこんだ。「治安維持法」により、自分の夫や子どものことについて一言も口に出すことができなくなっていた。特に軍国の妻や母たちが、もし名誉な戦死などをしなさんなとか、生きて戻ってくるようにとか、人間の生活を壊されてたまるかなどと発言したならば、「うしろに手がまわる」ことの恐怖のほうが強かったので、発言は全く封じ込められた。

一九四三（昭和一八）年六月二五日「学徒戦時動員体制確立要綱」が閣議決定され、この決定は学徒の戦時動員体制を確立して、「有事即応ノ態勢」に置くこと、及び「勤労動員ヲ強化」することがねらいであった。「有事即応ノ態勢」とは軍事能力の増強と「直接国土防衛」の任に当たることを要請され、「学校報国隊」の待機的姿勢を強化し、戦技訓練、特技訓練、防空訓練の徹底を図ること、女子については戦時救護の訓練を実施することとなった。

一九四三（昭和一八）年一二月一日には学徒出陣が開始された。特に兵役法の公布により高等教育機関には二七歳までの徴兵延期の措置がとられていたが、学生・生徒の徴兵猶予は一九四三（昭和一八）年一〇月二日に停止された。文科系学生が一斉に入営し、同年一〇月一〇日「戦時国民思想確立ニ関スル基本方策要綱」を閣議決定し、同年一〇月一二日「教育ニ関スル戦時非常措置方策」も閣議決定され、戦時下の教育非常措置に関する基本方策が打ち出された。理工系、教員養成学生以外の徴兵猶予は停止され、同年一〇月二一日東京神宮競技場で学徒出陣壮行会が開催された。同年一〇月二三日には「教育ニ関スル戦時非常措置ニ関スル件」を通達して、徴兵を免れていた大学生にとっては大学はすでに学問の場ではなくなっていた。

さらに一九四四（昭和一九）年一月一八日「緊急学徒勤労動員方策要綱」が閣議決定され、学徒動員年間四ヶ月継続が実施され、同年二月頃には戦局はいよいよ不利になり、政府は同年二月二五日「決戦非常措置要綱」を閣議決定し、国民生活の各分野にわたって当面の非常措置を定めた。同年三月七日「決戦非常措置要綱ニ基ク学徒動員実施要綱」も閣議決定され、中等学校以上、原則として軍需産業への勤労動員が通年実施された。

一九四四（昭和一九）年六月一五日、米軍がサイパン島に上陸を開始し（大石先生の夫はサイパン陥落の少し前に戦死している）、次第に本土爆撃が現実味を帯びてきた。同年六月三〇日に政府は「一般疎開ノ促進ヲ図ルノ外、特ニ国民学校初等科児童ノ疎開ヲ強度ニ促進スル」ことを閣議決定した。同年八月二三日「学徒勤労令」「学徒勤労令施行規則」及び「女子挺身勤労令」が公布され、学徒動員の法令上の措置が決定された。学校報国隊が組織された。さらに戦局が悪化すると、九月にも「疎開児童ニ関スル措置要綱』を閣議決定し、九月二九日に疎開学童対策協議会を設置した。学童の集団疎開が開始された。学童疎開は縁故先のある学童の疎開を先ず勧奨し、次に縁故先のない者に対し集団疎開の方法を採った。疎開の具体的な方法として「帝都学童集団疎開実施要綱」を決定し、国民学校初等科三年以上六年までの児童は保護者の申請で疎開することができた。翌年一九四五（昭和二〇）年三月一五日「大都市ニ於ケル疎開強化要綱」と「学童集団疎開強化要綱」を閣議決定し、低学年児童も保護者の希望により参加が許された。

軍部は日本は神の国と考え、決して戦争に負けることは考えていなかったので、学童を守るためではなく、学童を疎開させて戦争遂行のために次の兵士を確保するためであったということは考えられないであろうか。この学童疎開において子どもは両親（大部分は片親〈母親〉であった。父は戦争に駆り出されているので）と離れて集団生活を強要された。子どもの生活は一般に貧しかったし、子どもの中にはこの集団生活に耐えられずに逃げ出したり、毎夜親が恋しくて泣いて過ごす者もいた。このような生活において子どもが何よりも苦しかったのは食べ盛りのお腹を十分に満たすことができない空腹感にさいなまれ、子どもの心はますます蝕まれていった。

このような状況において、上級生の下級生に対する「いじめ」（例えば食べ物の巻き上げ、配給のカンパン泥棒。もしこれを拒否すれば、仲間はずれが生じた）が生じた。要するに、このような閉鎖的な集団生活では子どもは緊張感を強いられ、この緊張感を解消する唯一の手段が「仲間はずれ」を作ったり、仲間を「いじめ」たりすることだった。こうした行為が日常的に行われたので、子ども自身の心は癒されず、蝕まれていったのではないか。やがて学童疎開から解放されて「学校」に戻った子どもたちは、わずか数ヶ月の疎開生活であったにもかかわらず、子どもの心には暗い闇が占めて、勉強どころではなかったのではないか。しかもこの学童疎開に参加した子どもは少し裕福な家庭の者であり、虚弱者や少し病気のある子どもや精神を病んでいる子どもは除外され、その地に残されたのである。すべての学童が疎開に参加したのではなかった。このことからもこの学童疎開は子どもが戦争に巻き込まれないようにするというよりも、むしろ次の戦争のための兵士を確保するため、という意図が強かったのではないか。

この学童疎開の費用は全額国が負担するのではなく、食費は当初一人月二〇円、土地建物借受料一人当たり月五円であったが、一九四四（昭和一九）年に文部省は集団疎開児童の教育について通達を出し、九月には旅館を宿舎とする場合は一ヶ月二五円、その他は二三円以内とした。保護者は生活費の一部として月一〇円を負担した。児童は常時、食糧や薪炭の調達に使役され、勉強をする余裕は全くなかったのではないか。しかも同行した教職員でさえも生活物資の収集に日夜東奔西走を強いられたのだ。教育施設としては疎開地の国民学校、中等学校等の教室、または公会堂、寺院、寮舎、農舎などが利用され、それらは疎開側の学校の分教場として取り扱われた。

動員は徹底的に強化され、一九四四（昭和一九）年一一月には夜間学校の生徒や弱体のためそれまで動員から除外されていた学徒の動員が指令された。一九四五（昭和二〇）年一月政府は集団疎開の継続を閣議決定した。同年三月一〇日、東京はＢ29により夜間大空襲に襲われ、この頃には本土の大都市への空襲が激化した。一九四五（昭和二〇）年三月一八日には「決戦教育措置要綱」が閣議決定され、原則として国民学校初等科を除く学校の授業を停止、学徒は本土防衛と生産増強に従事するものとされた。
国民学校とは、一九四一（昭和一六）年三月一日に「国民学校令」を公布して小学校を国民学校と改めたもので、この目的は「国民学校令」の第一条に「国民学校ハ皇国ノ道ニ則リテ初等普通教育ヲ施シ国民ノ基礎的錬成ヲ為スヲ以テ目的トス」とある。「皇国ノ道」とは教育勅語に示された「国体の精華と臣民の守るべき道との全体」をさし、端的に言えば「皇運扶翼」の道と解したのである。要するに国民学校では、教育の全般にわたって皇国の道を修練させることを目指したので、国民学校の初等科を除き、またそのほかの学校における授業は四月から一年間停止することとなった。

この戦争によって人間は一切の人間らしさを犠牲にして生き、死んでいったのである。岬の村でも幾人かの少年航空兵、親に無断で学徒兵を志す者もおり、町の中学では大勢の少年志願兵もいた。このような志を持たない若者は非国民と呼ばれ、恥ずかしい者と呼ばれた。当時まだ小さかった大石先生の長男大吉は、「ああ、早くぼく、中学生になりたいな」と言っては、「ナーナツ　ボータンハ　サクラニイカーリー」と『若鷲の歌』を歌っていた。人の命を花になぞらえて、散ることだけが若人の究極の目的であり、尽きぬ名誉であると教えられ、日本中の男の子を少なくともその考えに近づけ、信じさせようと方向づけられるような教育が行われていたのだ。そのために大吉がやたら悲壮がって、命を惜しまぬようなことを言うようになったことは、如何に教育の力が強かったかを証明するものではないか。

大石先生はこの戦争を一度たりとも賛成しなかったので、大吉に、「お母さんはやっぱり大吉をただの人間になってもらいたいと思うな。名誉の戦死なんて、一軒にひとりでたくさんじゃないか。死んだら、もとも子もありゃしないもん。（中略）大吉アそない戦死したいの。お母さんが毎日なきの涙でくらしてもえいの？」と言ったにもかかわらず、国民学校での教育にどっぷりとつかっている大吉は、「そしたらお母さん、靖国の母になれんじゃないか」と大石先生をさとすように口答えをした。大吉はこのような母をひそかに恥じ、母さんを世間から極力隠したがった。要するに、大吉にとっては母の言動がなんとなく気になっていたのだ。大吉は父親が病気休暇で帰っていた時、二度目の応召で乗船命令が出された時、つまり父親が戦争に行くということが誇らしく、大吉にとっては肩身が広く感じられたものだ。それに反し、子ども心にも一家全員がそろっていることは、お国のために家の者は誰一人役に立っていないんだという肩身の狭い思いを感じさせるほどに、国民学校の教育と世間の風潮の恐怖にどこの家庭も破壊されていたのだった。

父もサイパン陥落の少し前（一九四四年六月頃）に戦死し、その父の戦死公報が入っても大吉はお母さんの言葉に反抗して、どうしてもお母さんの言うことが理解できず、父親の戦死は悲しいけれども、父親のいない子は自分だけではない、父親のいない方が当たり前だと考えていた。父親を戦争で失うのは当然のことと思わせるような教育を叩き込んだ教育の恐怖と悲劇を感じるのは私だけであろうか。純真無垢な子どもの心を失わせるような教育は二度と行うことがあってはならない。

誰かが戦死した家の玄関には戦死の二字を浮かした「細長く小さな門標」が張られていたのだが、大吉はそれを尊敬の目で仰ぎ見るほど、一種の羨望を覚えていた。父親の戦死によりこの「細長い小さな門標」が届けられたのを目にした母の大石先生は、しばらくながめていたが、そのまま状袋（封筒）に戻して火鉢の引き出しにしまってしまったのだった。だが大吉は母（大石先生）の留守中、父親の戦死の門標をその引き出しから出して、門の鴨居の正面に打ち付けた。

大石先生は病気で寝ていた八〇歳を過ぎたお母さんのために、栄養のあるものを手に入れるのに一人で駆け回っていたため、留守にすることがあったからだ。おばあさんは治る見込みのない病に冒されていたのだが、そんな病人の所へはなかなか医者は来てくれなかった。

しかしこの名誉な門標は、戦争が終わると家々の門から一斉に姿を消した。それは戦争の責任は自分たちにはないのだと証明しているかのようであった。一九四五（昭和二〇）年四月一日に米軍が沖縄本島に上陸を開始した（六月二三日に日本守備軍は全滅した）。一九四五（昭和二〇）年五月二二日「戦時教育令」並びに「同施行規則」を公布し、学徒隊の組織が定められた。一九四五（昭和二〇）年八月六日米軍は広島市に原子爆弾、八月九日には長崎に原子爆弾を投下した。八月一〇日の御前会議において国体護持を条件にポツダム宣言を受諾した。一九四五（昭和二〇）年八月一五日、終戦の詔書が録音放送により告げられ太平洋戦争は終わった。

5 終戦後

終戦の日、本当の惨状を知らされていなかった、当時国民学校五年生の大石先生の長男大吉は、放送を聞くために登校した。だが大吉は敗戦の責任をその小さな肩にしょわされたかのように、しょげかえって、うつむきながら学校から帰ってきた。

文部省は直ちに教育の戦時体制を解除して、これを平時の状態に戻すことに着手し、八月一六日には「学徒勤労動員」を解除し、八月二八日には学校授業再開について通達し、八月二八日もしくは九月中旬から授業を再開するよう指示した。しかし学校の現場においては一方では「教育ニ関スル勅語」はまだ生きていただろう。他方においては二年後の一九四七（昭和二二）年五月三日に施行された、戦後の民主的な教育体制の確立及び教育改革実現にとって最も基本的な意義を持つ「日本国憲法」（一九四六〈昭和二一〉年一一月三日に公布）、これに続いて一九四七年三月三一日に「教育基本法」と「学校教育法」が公布された。これら基本法が制定されるまでの二年間、教員の心の中には「教育ニ関スル勅語」のもと、国民学校で行ってきた古い教育観との間に立って、どのように教育実践を行うべきか大混乱に陥ったのではなかろうか。

一九四五（昭和二〇年）年九月一二日に文部省は「国民学校および中等学校に対し、戦時教育から平時教育への転換のための緊急事項」を指示し、さらに九月二六日には疎開学童の復帰に関して通達を出している。学徒に対しては一九四五（昭和二〇）年八月二六日「復帰学徒の卒業・復学について」通達が出され、八月二八日陸海軍諸学校出身者および在学者を文部省所管学校への転入学を認めることを閣議決定し、一〇月一九日には外地引き揚げの学生・生徒についても同様の取り扱いがなされた。

連合国最高司令部（GHQ）は同年一〇月二二日に「日本教育制度ニ対スル管理政策」、一〇月三〇日「教員及ビ教育関係官ノ調査、除外、認可ニ関スル件」、一二月一五日「国家神道、神社神道ニ対スル政府ノ保証、支援、保全、監督並ニ弘布ノ廃止ニ関スル件」

（これを受けて前述の奉安殿・奉安庫の廃止が指示された）、一二月三一日「修身、日本歴史及ビ地理停止ニ関スル件」という四つの指令を出している。特にこれは国家神道、神社神道の思想及び信仰が軍国主義及び極端な国家主義的な思想を鼓舞し、日本国民を戦争に誘導するために大きく利用されたとの見地から、政府がこれを保護、支援することを禁

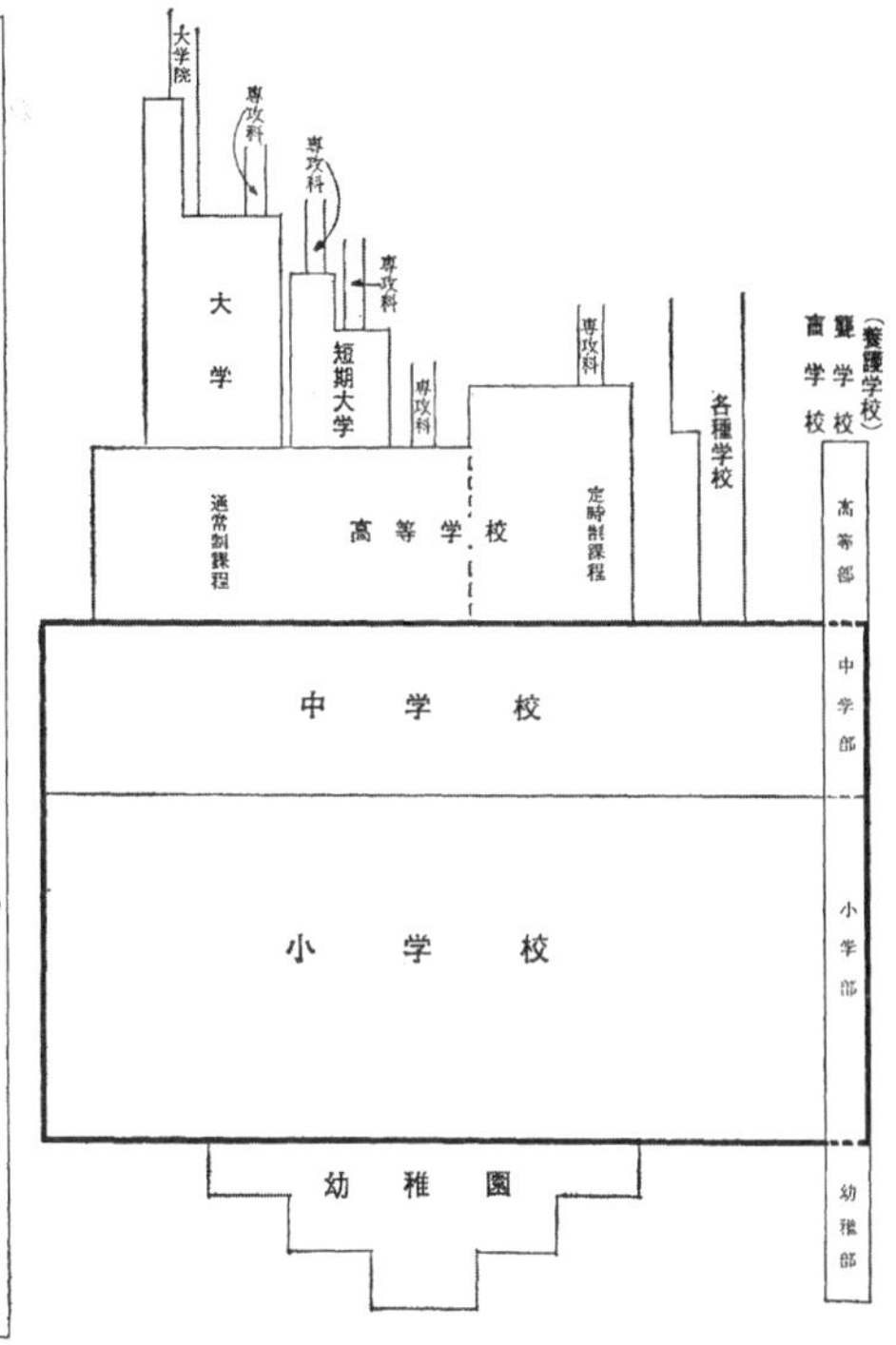

昭和24年　学校系統図（文部科学省）

止し、神道による教育を学校から排除する指令であった。特に軍国主義的・極端な国家主義的な思想と教育の徹底的な払拭を行うことによって、一九四六（昭和二一）年一月一日、新しい民主主義の確立のために「年頭の詔書」において新日本の建設の方針と天皇の神格化否定を宣言した。

大石先生は一九四六（昭和二一）年四月四日、岬を離れて一八年、教職に復帰したのは一三年ぶりであった。悪夢のように過ぎた五年間で大石先生も人並みの痛手と苦痛（例えば夫の戦死と教え子〈森岡正〉の戦死）を味わい、前は自転車に乗ってさっそうと岬の分教場に通勤していたのに、戦争は自転車までも国民の生活から奪った（鉄という鉄、銅という銅までも鉄砲の弾として供出させられたのだ）。さらに途中まであったバスでさえ、戦争中になくなったままで、未だに開通していなかったので、一二、三歳にしか見えない我が息子の大吉があやつる船に乗って岬の村の分教場を目指していた。大石先生は初めて身にしみたのは、我が身に職があることのありがたさだった。教職に復帰できたのは岬の本校の母校にいた教え子の山石早苗の勧めによった。

しかし大石先生は生活では窮迫の底に陥っていた。大石先生は不如意な生活を強いられ、四十歳という年よりも七、八歳も老けて見え、五十歳と言っても誰も疑わないほどであった。しかし本校の校長は、「四十じゃあね。現職にいても老朽でやめてもらうところじゃないか」としぶっていたが、大石先生は正式な教員の資格ではなく、校長一存で採決できる助教、つまり臨時教師であった。大石先生は「岬なら、願ったり、かなったりよ。まえの借りがあるから（以前大石先生はアキレス腱切断で途中で退職していた）」と、条件の悪さなど一切気にしていなかった。

大石先生は岬の村の山々が近づいてくると、自分もまた若返ってくるような気がしていた。昔（一三年前）の洋服を着て、自転車に乗って通勤していたが、今は白髪まじりの髪を無造作にひっつめ、今は亡き夫の着物の紺がすりで作ったモンペをはいていた。大石先生は急に瞳を輝かせて若々しい声を発していたが、大石先生を憶えている者は誰一人いなかった。見知らぬ老齢の人（大石先生）の周りには昔どおり村の子どもたちがぞろぞろ集まってきたが、先生は誰一人としてその顔に見覚えはなかった。村の子どもたちの様子を見ると、永い年月の衣料不足で若布（ワカメ）のように裂けたパンツをはき、そのすきまから皮膚の見える男子や、笑いかけるとおびえたような目をしたり、無感動な表情のまま、それでも深い関心を見せて道を空け、珍しげにじろじろ見る姿は昔のままであった。

村の子どもはこの五十歳ぐらいのおばさんが先生であるかどうか確かめるために、三、四人の子どもが、大石先生の前に立ちふさがって頭を下げると、まだ学校に入っていない子どもでさえそのまねをしておじぎをしたので、大石先生も会釈をかえした。このように幼な子にも歓迎されたような気がして嬉しく感じ、目頭を押さえ、笑顔を見せた。上陸して学校までの道を歩いている間、出会う村人の中に思い出す顔は一人もいなくて、生徒たちもあの女性が先生であるとは気づかず、大石先生を追い抜き走り去る子もいた。

大石先生は校門をくぐって、古びてしまった校舎の八割ぐらいのガラス窓が壊れているのを見た瞬間（米軍の直接の爆撃を蒙らなかったのか）、絶望的な思いが満ち潮のように押し寄せてきた。昔のままの教室に、昔どおりに机と椅子を窓辺に置いて（たぶん、大石先生は新入生は一八年前と同じぐらいの人数であろうと思っていたのではないか）、子どもが教室に入ってくるのを待っていると、自然に背骨がのびて昔の先生に戻っていた。つまりこの古い教室に、何もかも新しい子どもたちがやってくるので、大石先生も最初の頃の新しい気分を思い出していたのではないか。

大げさな始業式もなく、教室に入ってきた子どもは希望に燃える顔をした、昔どおりの岬の子の表情であった。昨年までの戦争による恐怖、悲劇を何一つとして心配することもなくなり、希望に満ちた顔、つまり一八年前に大石先生が期待したのと全く同じ表情であった。岬の子はすべて希望に燃える元気な顔をして、何一つ曇りのない目をしていた。その子どもたちの姿を目のあたりにして、大石先生はさすがにかあーっとなって顔に血が上るのを感じた。一〇人の新入生が大石先生の担当であった。

①川崎　覚(かく)：
②加部芳男(よしお)：
③岡田文吉(ぶんきち)：盲目になった岡田磯吉の兄の子
④山本克彦(かつひこ)：
⑤森岡五郎(ごろう)：戦死した森岡正の顔が浮かぶ
⑥片桐マコト：若くして病死した片桐コトエの妹
⑦西口勝子：西口ミサ子の娘
⑧（女の子）
⑨（女の子）
⑩川本千里(ちさと)：川本松江の子ども

この一〇人の新入生の中には一八年前の相沢仁太のような子ども、つまり大石先生の渾名を「小石先生」と呼んだような子どももいた。今回の大石先生のそれは「泣きみそ先生」であった。

先生のお母さんが亡くなってから一年目、娘の八津（船乗りで世界の七つの海を渡り歩いた父の体調が悪くなり、養生するつもりで、八つ目の港を我が家にたとえてつけられた名前）も、青い柿の実を食べて急性腸カタルで死んだ。村では柿の木や栗の木は、熟れるまで実がなっていることはなく、子どもは空腹に耐えられず食べてしまうのだ。一九四四（昭和一九）年から一九四五（昭和二〇）年のわずか一年そこそこのうちに、大石家は三人の死（夫とお母さんと八津）を迎えた。つまり戦争は終わっているにもかかわらず、村には食べ物がなく、茅花、いたどり、すいばをかじったり、土のついたさつまいもを生で食べたりしていたのだ。それを食べて回虫がわいても、病気になっても、村には医者も薬もなかった。さらに八津が疫病で死んだといううわさにより、八津のお通夜にはお参りしてくれる者はいなかった。大石先生は八津が亡くなると、泣きながら軒のかぼちゃをひきちぎると、うらなりの実が三つ四つ落ちてきた。そのなかの丸いものを盆に載せて仏壇に供えたのだった。

戦争中よくあった停電もおさまり、電気がつくと、枕刀にしたゾーリンゲンの包丁（お父さんが買ってきたもの）をかぼちゃの横腹につき立てたので、大吉と並木はびっくりした。しかし泣きはらしたお母さんの顔に笑顔を見て、安心しなさいという目の色に安心感を覚えたのである。お母さんの子どもの頃は「かぼちゃのうらなりは、子どものおもちゃ」と言って、かぼちゃの横腹が四角に切り抜かれ、丸窓も作られ、かぼちゃの種とわたをかき出して空洞にした。出来上がったのは盆灯籠のかわりの提灯であった。窓に紙を張り、底に釘を刺すとろうそく座もでき、八津の喜びそうな提灯でもあったので、小さい棺桶の中の八津の顔のそばにそれを入れた。そして八津が遊んだ貝がらや紙人形をそばに置いた瞬間、みな悲しみに襲われ、大吉と並木は声をあげて泣いた。さらに大吉は八津がほしがっていたチエノワ（大吉は貸してやらなかった自分の不親切を責めながら、それを八津にやろうと思った）をやろうとして、胸の上で組み合わされた手に持たせようとしたが、冷たい手はもうそれを受け取ってはくれず、チエノワはすべって棺の底に落ちた。並木も、八津の目にふれないようにしまいこんでいた大事な色紙で、鶴や奴や風船を折って棺の中に入れた。八津はお母さんの提灯、大吉のチエノワ、並木の折り紙を持って死出の旅路についたのだった。

大石先生はわずか一年のうちに三人のお葬式を行うことにより急に老けこんだようで、四十歳には見えなくなった。白髪もふえ、小さい体は痩せてよけいに小さくなり、腰を曲げるとおばあさんそっくりになった。この様子を見て、大吉は今度はお母さんがどうかなるのではと案じ、体をこわして家で養生していた父の「みんな元気で、大きくなれよ。大吉も並木も八津も。大きくなって、おばあさんやお母さんを大事にしてあげるんだよ」という言葉が思い出された。人の命の尊さをしみじみ味わえるような年齢に達していたのだ。

八津の亡骸を納める棺桶さえもなく、自分で材料を持参しなければ作ってもらえず、古いタンスで棺桶を作り、大吉は弟の並木と二人でお墓に行き（たぶん土葬であったので）、八津の棺桶をジャノメ草やオシロイ花でかざった。

6 同窓会（悲しき再会と教育の悲劇）

一九四六（昭和二一）年三月五日、米国教育使節団（ジョージ・D・ストッダード団長）が来日した。GHQは大石先生が西口ミサ子と再会した日、米国使節団報告（第一次米国教育使節団報告書）を発表している。民主的な教育の基本は、個人の価値と尊厳を認めることであり、教育制度は各人の能力に適正に応じて教育の機会を与えるよう組織すべきであって、教育の内容、方法及び教科書の画一化を避け、教育における教師の自由を認めるべきであると述べた。この基本理念の上に立って、新しい学校制度として六・三・三制と、特に六・三の義務教育とその無月謝、男女共学を勧告している。

このように新しい教育の始まった一九四六年四月七日の午後、浜辺で大石先生が砂の上に足を投げ出し座っていると背後から声をかける者がいた。それは派手な花模様の銘仙の袷にきちんと帯を締めた姿の西口ミサ子だった。大石先生が岬の村の分教場に赴任してきたのを知って先生に会いに来たのだった。先生はミサ子の子どもの勝子を担任していた。ミサ子の夫は帰らぬ兵隊の一人だった。

①西口ミサ子（ミイさん）：
②山石早苗：岬の本校の先生。ミサ子と昔のクラスだけで歓迎会をやろうと相談する
③加部小ツル（小ツやん）：
④川本松江（マッちゃん）：川本千里のお母さん。香川マスノが居所を知っている
⑤木下富士子：行方不明
⑥香川マスノ（マアちゃん）：水月楼を営む
⑦片桐コトエ（コトちゃん）：二二歳で病死。医者や薬に見離され、両親の看取りさえなく、あきらめきって一人物置で死んだ
⑧岡田磯吉（ソンキ）：失明して除隊。町のあんまに弟子入りして生きる道を見つけた
⑨竹下竹一：戦死
⑩森岡　正（タンコ）：戦死
⑪相沢仁太：戦死
⑫徳田吉次（キッチン）：生き残り、村で山伐りや漁師

大石先生とミサ子は丘の共同墓地にまつられている片桐コトエ、竹下竹一、森岡正、相沢仁太のお墓参りをした。コトやんのお墓は道端から二歩、三歩入ったところにあり、雨風にさらされ、黒くなった小さな板屋根の下に、やはり黒っぽくよごれた小さい位牌が一つ、まるで横になって寝ているように倒れていた。生前コトエが使ったであろう浅い茶碗に茶色い水がひからびていた（茶色の水がたまっていたことはコトエのお墓にお参りする者がいないことを証明する）。その茶碗に新鮮な水をなみなみと注ぎ、大石先生は位牌を胸にいだいた。大石先生は六年生のコトエの言葉を思い出して、「何故私は男の子に生まれなかったのだろうか」とつぶやき、この若い命を奪ったのは誰だろうと思うと大石先生は自然と涙があふれ出た。

兵隊墓は丘のてっぺんにあり、日清、日露、日華の順にあって、古びた石碑につづいて、新しいものはほとんど白木のまま朽ちたり、倒れているものもあった。竹一、正、仁太のものはまだ新しく並んでいた。しかし混乱した世の中、罪もない若い命を奪われた者の墓前には花一つまつることさえ忘却され、花立の椿はカラカラに枯れていた。この若き三人の存在さえ忘れ去られ、墓参する者もいなかったのだろう。せめて三人の石の墓を作ってなぐさめとする力もなくなっているのだろうか。大石先生とミサ子は三人のお墓にタンポポとスミレを供えて兵隊墓を後にした。

大石先生（この頃は小石先生とは呼ばれず、「泣きみそ先生」と呼ばれていた）は、西口ミサ子と山石早苗とが相談してクラスだけの歓迎会をしたいと考えていたことは知っていたが、五月のはじめのある朝、校門をくぐると西口ミサ子の子ども（一年生の西口勝子）に手紙を手渡された。それは歓迎会の案内であった。しかし大石先生はその日は長女八津の年忌をすることを長男大吉、次男並木と約束したばかりであった。大吉と並木とは先に約束していたし、二人は八津の年忌を延ばすことに不満であったので、先生は一つの提案として、八津の年忌をのばして、歓迎会のある本村にピクニックに行くのはどうかと提案した。会場は本村の水月楼、つまり教え子である香川マスノのやっている料理屋だった。息子二人には、歓迎会がすむまで本村の八幡さまや観音さんで遊び、お弁当は波止場で食べて、釣り竿を持っていって波止場で釣りでもしたらと言うと、大吉も並木も賛成したのだった。

三人で歓迎会のある本村に近づくと、大吉も並木も少し不安になってきて、母の大石先生に「本村の子が、いじめにきたら」と言うと、お母さんがときどき顔を出して見て、手を振ってやるので、「大石先生とこの子じゃと思うて、いじめんかもしれん」と言われて少し安心した様子で、二人は八幡山へ登っていった。

歓迎会のある水月楼までもうあと一〇分たらずという所で、山石早苗と西口ミサ子が出迎えるために子どものように走ってきて、ろくに挨拶もしないで、両側からとびついてきた。「先生、めずらしい顔、だれだと思います」と早苗が言ったので、大石先生は「富士子さんに松ちゃん？」と答えると、二人は「わあ、どうしよう！」と言いながら、三人で水月楼の玄関の前まで来ると、玄関には加部小ツルや香川マスノを真ん中にしてみんながずらりと並んでいた。黒めがね姿の磯吉にどきんとしている大石先生の肩へ、いきなりしがみついて泣き出したのはマスノの横に立っていた川本松江であった。

磯吉はひかれるままに先生と並んで階段をあがると、二階はまぶしいほどの明るさだったので、加部小ツルが失明している磯吉がいるにもかかわらず「ああら、眺めのいいこと」と言いかけたが、後は口ごもってしまった。その間の悪さを吹き消すように、昔、音楽学校に行きたかった香川マスノがゆたかな声で、「さ、先生はここ。ソンキさんとならんでください。こっちがわがマッちゃん。ふたりで先生をはさんで、堪能するだけしゃべりなさい。あとはめいめい勝手にすわって」と言う。その配慮は思いやりあるマスノのはからいであることを大石先生はひそかに感じていた。二階の床の間には、一年生の時に大石先生の家を訪ねていった際に撮ってもらった、ハガキ型の小さな額縁に入った一本松の下での写真が、木彫りの牛の置物にもたせかけてあった。

山石早苗が簡単であったが、あらたまった挨拶を済ますと、香川マスノが「さ、あとは無礼講でいきましょうや。昔の一年生になったつもりで、なあ、ソンキ」と、間をおかず、きちんとかしこまっている磯吉を気づかって言った。川本松江が先生にすりよってきて、「せんせ、千里がお世話になりまして。それ聞いたときわたし、うれしいてうれしいて。わたしはもう先生の前に出られるような人間ではありませんけど、でも、たとえどんなにけいべつされても、わたしは先生のこと忘れませんでしたの。あの弁当箱、今だって持っていますから、大事に」「なあ先生。わたし、あの弁当箱、戦争中は防空壕にまで入れて守ったんですよ。あの弁当箱だけは、娘にもやりたくないんです。わたしの宝でしたの」と言ったのだが、大石先生はあの百合の花の弁当箱のことをすっかり忘れていた。

この松江の話を聞いた徳田吉次が、国防服の脇のポケットから小さい布袋を取り出して「はい、うら（私）の食いぶに」とマスノの方に差し出した。マスノは「ええじゃないかキッチン、おまえ、魚もってきてくれたもん」と言った。

大石先生は見せられた弁当箱を見て自然と涙があふれ、それを直視できなくなったが、先生は川本松江がこの弁当箱に一度も弁当をつめて学校に来なかったことや、修学旅行の時、桟橋前の小料理屋で「てんぷらうどん一丁」と叫んだ松江の姿が久しぶりに活き活きとよみがえり、今、目の前でしゃべる松江の姿と結びつけようとしていた。

香川マスノは「ああ、ここに仁太やタンコがおったらなあ。そしたらもういうことないですな先生。ソンキにタンコにキッチンに仁太と、人の好いのがそろとったのに。竹一じゃとて、上の学校へいきだしてからは少しすましとったけど、人間はよかった。わたしらの組、お人好しばっかりじゃないですか。それが、男はみんなろくでもない目にあい、女は海千山千になってしもた。小ツやんや早苗さんじゃとて、やっぱり海千山千よ。ただその筆頭が、わたしとマッちゃんかな。でもやっぱり、人はわるうないですよ。苦労しただけ、もの分かりもええつもりです。ミイさんのような賢夫人や、小ツやんや早苗さんのオールド・ミスのおえら方にはできんことも、わたしらはするもん。なあマッちゃん、大いにやろう」と言って、松江のコップにビールを注いだ（女性では二人だけがビールを飲んでいた）。

小ツルははじめから磯吉のそばに座り込んで、いちいち食べるものの世話役をし、松江は松江でここが自分の持ち場だというように小まめに立ったり座ったりして料理を運んでいた。昔ながらのおとなしさで、だまって飲んだり食べたりしている徳田磯吉と並んで、山石早苗は先生の方を見て、「な先生、そう思いませんか。こういうところに出ると一ばん役に立たんのは学校の先生だと」と肩をすくめて笑うと、ミサ子が「わたしこそ」ともじもじしたので、笑いの渦が起こった。かなり酔いの回った香川マスノは磯吉のそばに寄って、ソンキの手にコップをにぎらせ、「さあ、ソンキ、あんまになるおまえのためにも一ぱいいこう」と元気づけ、まるで磯吉を弟あつかいする口をきき、「おまえがめくらになんぞなって、もどってくるから、みんなが哀れがって、見えないおまえの目に気がねしとるんだぞ、ソンキ。そんなことにおまえ、まけたらいかんぞ、ソンキ。めくらめくらといわれても、平気の平ざでおられるようになれえよ、ソンキ」と言った。

マスノに「マアちゃんよ、そないめくらめくらいうないや。うらァ、ちゃんと知っとるで。みな気がねせんと、写真の話でもめくらのことでも、大っぴらにしておくれ」と磯吉が言いかえすと、床の間に置いてあった写真がはじめてみなの手から手へわたり、一人一人、めいめいが批評しだした。小ツルの手に渡ったあと、小ツルは迷うことなく、それを磯吉にまわした。磯吉は酔いも手伝ってか、あたかも見えているかのように写真に顔を向けたので、吉次が、「ちっとは見えるんかいや、ソンキ」と言ったので、磯吉は笑いながら「目玉がないんじゃで、キッチン。それでも、この写真は見えるんじゃ。な、ほら、まん中のこれが先生じゃろ。その前にうらと竹一と仁太が並んどる。先生の右のこれがマアちゃんで、こっちが富士子じゃ。マッちゃんが左の小指を一本にぎり残して、手をくんどる。それから——」と、磯吉は確信をもって、並んでいる級友の一人一人を、人さしの指でおさえてみせるが、それは少しずつずれていた。

相槌のうてない吉次にかわって大石先生が、「そう、そう、そうだわ、そうだ」と明るい声で息を合わせた。その大石先生の頬を涙の筋が走ったのを見て、一同はしんとなり、酔っていたマスノが「はるこうろうのはなのえん　めぐるさかずきかげさして」という唱歌を歌い出した。すると早苗がいきなりマスノの背にしがみついてむせび泣いた。

（石川啄木が『別れ』の譜を『荒城の月』としているのと『二十四の瞳』の最後の歌が『荒城の月』とは、何か見えない糸があるのか。または唱歌の懸賞募集に当選した『荒城の月』が当時、日本全国の小学校でよく歌われていた証拠か）

このように純真無垢な、何の汚れもない若者たちが催してくれた歓迎会において、先生は一人の母親としても、「子どもは宝物」であるという考えを一層強く持った。一八年前に新人教師として、一二人の新入生の輝く目をくもらせたくないという気持ちを強く持ったように、この歓迎会に集まった八人の子どもの今後のことを考えずにはおられなかった。

大石先生はこの宝物である子どもの若き命を奪った、さらには子どもの心をすさんだものにさせた戦争に対し、絶対に反対との立場を一層強めたのではないか。人間としての尊厳を打ち砕き、人間性を失わせ、人間を悲劇のどん底に陥れるような「戦争」を絶対にひき起こしてはならない根拠として『二十四の瞳』は役に立つのではなかろうか。

二十四の瞳　平和の群像（小豆島）

Ⅱ　学童疎開再考

――二度と繰り返してはならない

一九四一（昭和一六）年九月六日の御前会議で対米英開戦の準備がなされ、同年一〇月一八日東条内閣が成立し、同年一二月八日米英に宣戦布告して太平洋戦争が起こり、一九四五（昭和二〇）年八月一五日に太平洋戦争は終わり、二〇二三（令和五）年には終戦から七八年が経過したが、戦争の終盤に実施された「学童疎開」を考究するのは、このような事態を二度と起こさないためにも価値があることではないか。

戦局が不利になっていた一九四四（昭和一九）年六月三〇日、政府は「一般疎開ノ促進ヲ図ルノ外特ニ国民学校初等科児童ノ疎開ヲ強度ニ促進スル」ことを閣議決定し、同日疎開の具体的な方法として「帝都学童集団疎開実施要綱」を制定し、さらに戦局が悪化すると、九月にも「疎開児童ニ関スル措置要領」を閣議決定し、九月二九日に疎開学童対策協議会を設置した。学童の集団疎開が開始されたのだ。

先ず学童疎開は縁故先のある学童から疎開が勧奨され、縁故先のない学童に対しては集団疎開の方法が採られた。その対象は国民学校初等科三年以上六年までの児童で保護者の要請で疎開することができた。翌年一九四五（昭和二〇）年三月一五日「大都市ニ於ケル疎開強化要綱」と「学童集団疎開強化要綱」を閣議決定し、低学年児童も保護者の希望により参加が許された。

前にも述べた通り、軍部は日本は神の国と考え、決して戦争に負けるとは考えていなかったので、学童を守るためではなく、学童を疎開させて戦争遂行のために、次の兵士を確保するためであったと考えられないか。

この学童疎開において子どもは両親（父親は戦争に駆り出されていたので、大部分は片親〈母親〉であった）と離れて集団生活を強要された。子どもの生活は一般的に貧しかったし、子どもの中には集団生活に耐えられず逃げ出したり、毎夜親が恋しくて泣いて過ごす者もいた。このような生活において子どもが何よりも苦しかったのは、食べ盛りのお腹を十分に満たすことができなかったことだ。空腹感にさいなまれ、子どもの心はますます蝕まれていった。このような状況において上級生の下級生に対する「いじめ」（例えば食べ物の巻き上げ、配給のカンパンの泥棒、もしこれを拒否すれば仲間はずれが生じた）が起こっていた。要するにこのような閉鎖的な集団生活では、子どもは常に緊張感を強いられていた。この緊張感を解消する唯一の手段が自ら「仲間はずれ」を行うことだった。「いじめ」は日常茶飯事横行していたので、子ども自身の心は癒されるよりは、ますます子どもの心は蝕まれていったのではないか。

この学童疎開から解放されて「学校」に戻った子どもの生活は、わずか数ヶ月の疎開生活であったにもかかわらず、その日常生活は暗い闇の中にあって、勉強どころではなかったのではないか。しかもこの学童疎開に参加できた子どもは少し裕福な家庭の者で健常者であり、虚弱者や少し病気のある子どもや精神を病んでいる子どもは、戦争遂行に何一つ役に立たない者として除外されて、自分の居住する地に残されたのである。すべての学童が疎開に参加したのではなかったのだ。このことから見ても、学童疎開は子どもが戦争に巻き込まれないようにするというよりも、むしろ次の戦争のために兵士を確保するための方が強かったのではないか。

この学童疎開の食費は当初一人二〇円、土地や建物および布団の借受料一人当たり月五円（当時の学校の先生の初任給は五〇円）であったので、かなり高額であった。これらを用意できない貧しい家庭の子どもは、上述の如く、自分の居住する地に残されたので、戦争の犠牲、つまり弱者は闇に消されたのである。一九四四（昭和一九）年八月文部省は集団疎開学童の教育について通達を出し、九月には旅館を宿舎とする場合は一ヶ月二五円、その他は二三円以内とした。保護者は生活費の一部として月一〇円を負担した。疎開しても、児童は常時食糧や薪炭の調達に使役され、勉強をする余裕は全くなかったのではないか。

しかも同行した教職員でさえも生活物資の収集に日夜東奔西走を強いられた。教育施設は疎開地の国民学校、中等学校等の教室、または公会堂、寺院、寮舎、農舎などが利用され、それらは疎開側の学校の分教場として取り扱われた。一九四五（昭和二〇）年一月、政府は集団疎開の継続を閣議決定した。一九四五（昭和二〇）年三月九日、一〇日B29に東京は夜間大空襲に襲われたので、三月一五日には「大都市ニ於ケル疎開強化要綱」と「学童集団疎開強化要綱」を閣議決定したが、重要都市に残すべき人員・施設以外は疎開させることにした。そしてその年の八月一五日、疎開学童はそれぞれの地で終戦日を迎えた。九月二六日、文部省は疎開学童の復帰に関して通達を出したが、八月一五日から九月二日の四二日間、疎開学童がどのような生活を送ったかは不明である。

学童疎開の記録

「マザーも父兄も帰京してしまい、一日一日と日を送る中、そろそろホームシックらしいものも出始める。夕空を眺めて涙を流すもの、少しの言い合いで泣き出すもの、先生や寮母から一寸注意されても食事が通らなくなるものも出て来る。（中略）九月十三日（水）には東京からマザー吉川・マザー福川を迎えて第二学期の始業式をあげた。（中略）マザーに東京の様子を聞かされては幼な心にも耐乏を覚悟しなければならなかった。学園の子供達を悩ませたものに雷鳴と停電がある。九月に入ると一日中晴れることは少なく夕刻には物凄い雷鳴がある。（中略）子供達は肝を潰ぶして皆かたまって轟の静まるのを待ったものである。度重なる電気の故障や停電にも仲々修理の電工が来てくれず、父兄が苦労して集めた貴重な蝋燭が次々と燃え尽して行くのが勿体なかった。こんな夜にはこわくて御手洗に行けない子供達に「先生々々」と起されて翌朝は眼を赤くしている先生、寮母もあった。（中略）第二年目（この学園は他の学校とは違って一年早く疎開をしている）の授業も滑り出しは順調であったが、この頃になり鹿島灘方面から北陸へ向かう爆撃機の通過で警戒警報、空襲警報の発令になることが多くなり、落着いた授業の継続が困難になって来て、（中略）二十年（一九四五）年八月十五日（水）の終戦に万事休す。（中略）この戦の勝つまではと張切って如何なる困難も克服した来た子供達の心も乱れ勝ちであった。急に里心がつき一日も早く帰京したいと焦るようになった。（中略）一年三ヵ月の疎開学園は幾多の困難があったにもかかわらず大過なく終了した」

（『聖心女子学院創立五十年史』より）

Ⅲ　戦争の負の遺産 ――奉安殿・奉安庫

1 序

一九四一（昭和一六）年一二月八日に太平洋戦争が起こり、一九四五（昭和二〇）年八月一五日に太平洋戦争が終わって、終戦から七八年経過した二〇二三（令和五）年に、この太平洋戦争の負の遺産としての「奉安殿・奉安庫」について考究するのは価値があることではないか。

一八七二（明治五）年八月三日に政府は「学制」を頒布し、一君万民のイデオロギー形成の手段として天皇・皇后の写真を「御影」もしくは「御真影」として小学校に下賜して、一八八九（明治二二）年頃には「御真影」を奉置しての儀式が普及した。一八九一（明治二四）年四月八日の「小学校設備準則」の第二条において、「校舎ニハ天皇陛下及皇后陛下ノ御影並教育ニ関スル勅語ノ謄本ヲ奉置スヘキ場所ヲ一定シ置クヲ要ス」と規定した。これを定式化したのが一八九一（明治二四）年六月一七日の「小学校祝日大祭日儀式規定」であり、学校儀式は「御真影」に対する最敬礼万歳、学校長の教育勅語奉読と諭告、君が代その他式日歌の合唱という順で行われた。同年一一月一七日には「小学校教則大綱」を制定し、教育勅語に基づき、徳性涵養を最重視し、天皇皇后の「御真影」と「教育勅語」を一定の場所に奉安するように訓令した（奉安殿・奉安庫の設置始まる）。

一九〇〇（明治三三）年八月二一日の「小学校令施行規則」の第二十八条の第二項に「職員及児童ハ天皇陛下、皇后陛下ノ御影ニ対シ奉リ最敬礼ヲ行フ」ことを規定した。明治三〇年代に入ると、全国のほとんどの学校に「御真影」と勅語謄本が配布された。特にこの「御真影」や「勅語謄本」の保管（保管施設は校舎内に設けたものを奉安庫、独立した建物を奉安殿と呼んだ）に関しては万一焼失、その他の不敬事件が起こると学校長、教員はもちろんのこと、町村長、郡長、知事まで厳しくその責任を追及された、この「御真影」と勅語の保管は私立の学校（例えばキリスト教の関西学院、同志社大学、神戸の松蔭女子学院など）にも強いられた。

一九四五（昭和二〇）年に連合国軍最高司令部（ＧＨＱ）は四つの指令を出している。そのうち同年一二月一五日の「国家神道、神社神道ニ対スル政府ノ保証、支援、保全、監督並ニ弘布ノ廃止ニ関スル件」は、特に国家神道、神社神道の思想及び信仰が軍国主義及び極端な国家主義的思想を鼓舞し、日本国民を戦争に誘導するために大きく利用されたとの見地から、政府がこれを保護・支援することを禁止し、神道による教育を学校から排除する指令であった。この指令によってこの奉安殿、奉安庫の廃止が指令された。戦争中この保管場所の中の「御真影」及び「勅語謄本」を死守するために何人の学校長が犠牲になったかは不明である。

具体的に神戸市灘区内の小・中・高を訪問して「奉安殿・奉安庫」について校長や若い先生にお聞きしたが、校長はよく転校するためにその学校の歴史について十分に理解しておらず、また若い先生の多くははじめて聞く言葉ですとのことであった。戦争の負の遺

旧仲津小学校奉安殿（福岡県行橋市）

産としての「奉安殿・奉安庫」が忘却の彼方に追いやられそうになっていることは、大学において約四〇年近く教育に関する講義を行ってきた者としては痛恨の極みである。

2 戦前・戦後の神戸の社会と教育

敗戦前の一九四五（昭和二〇）年六月四日付で、神戸市総務局長は市内各学校に対して「御真影奉拝ノ件」を指示した。御真影を空襲による被害から守るために空襲が予想されない学校に避難させようとして、その奉遷先の学校に対して謝礼金を支給するので遺憾なく取り計らうようにという内容であった。各学校は御真影の死守に万全を期していた。それが戦前の教育であった（この御真影と勅語謄本を運び出したものは神戸市兵庫区の「妙法華院」で実物を見ることができる）。

しかし、一九四五（昭和二〇）年一二月一五日の連合国軍最高司令部（GHQ）指令「国家神道、神社神道ニ対スル政府ノ保証、支援、保全、監督並ニ弘布ノ廃止ニ関スル件」によって御真影の返還が決定された。神戸市総務局長は同年一二月二六日、来年の拝賀式では御真影を奉掲しないこと、しかし敬虔、真摯に始終し、教育上遺憾なきを期すること、調査報告書を提出することを校園長に指示した。兵庫県では一九四六（昭和二一）年一月二五日に「御真影ニ関スル」通牒が発せられ、明治天皇以降全部の御真影の回収を二月四日に行うので地方事務所に持参することが指示された（神戸市の場合は御真影を疎開させていたので、疎開先の町村を管轄する地方事務所に奉還する。兵庫県知事岸田幸雄に宛てて「御真影奉還届」を提出することになっていた）。

地方事務所では回収した御真影を焼却した。さらに御真影奉安殿に関しては、神社様式のものは、一九四六（昭和二一）年二月一八日付の通牒で撤去が指示された。さらに七月一三日付通牒では、形式にかかわらず一切の奉安殿の破壊・撤去が指示された。神戸市文教部長は市立校園長宛てに「御真影奉安施設ニ関スル件」を発した（年月日を欠いているが、一九四六〈昭和二一〉年二月頃と推定される）。「貴校園ニ於ケル神道的象徴ハ先般指示ニ依リ全部撤去セルルコトト被存候処今般県教育民生部ヨリ通牒ノ次第」もあるので、「神社形式ヲ有スル御真影奉安施設ハ速ニ撤去スルコト」、「英霊室又ハ郷土室等ニ付テモ神道的象徴ハ速ニ撤去スルコト」などが指示され、報告書の提出が求められた。「わが国国家主義教育の大きな柱」であった御真影は、一片の通牒によって破棄されることになったのである。

3 戦時下における教師

『ボクラ少国民』シリーズの著者である山中恒は、「学校で一番尊い場所は『奉安殿』だと教えられました。これは天皇皇后の写真や勅語謄本（教育勅語やその他の勅語の写し）などが格納してある小さな御殿ふうの建物で、正門のそばにあり、その前を通るときは、いったん立ち止まって、奉安殿に向かって最敬礼をするのがきまりでした。意地の悪い教師が物かげに隠れて監視していて、最敬礼をしなかったり、いいかげんな頭の下げ方をしていると、飛び出てきてやり直しをさせたり、なぐったりしました。（中略）小さな女の子が吹っ飛ぶくらいになぐる非人間的な教師は、戦時下ではめずらしくなかったのです」（『戦時下の絵本と教育勅語』）と述べている。

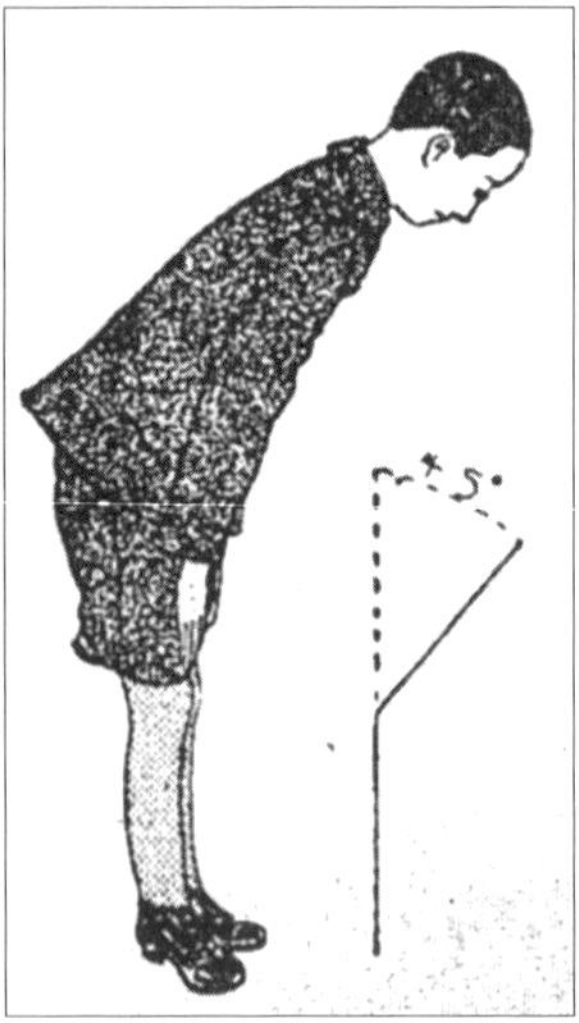

最敬礼の仕方
（『国民礼法　初等科第六学年』）

4 学校の奉安殿・奉安庫

《関西学院大学》

『関西学院百年史』通史編Ⅰにおいて、御真影について、

①拝戴年月日は一九三七（昭和一二）年二月三日（但し『関西学院の130年』p.72には一九三六〈昭和一一〉年）

②「奉護ノ情況ハ本学総務部（鉄筋コンクリート耐火構造）内奉安庫ニ奉安シ本学教職員交代ヲ以テ日夜奉護ノ任ニ当ル」

と記されている。

この奉安庫には「教育ニ関スル勅語」と「御真影」が保管された。奉拝は四大節（新年節、紀元節、天長節、明治節）において行われた。新年節には教育勅語奉読、国歌斉唱、院長式辞、紀元節には御真影奉拝、教育勅語および詔書奉読、国歌斉唱、天長節には御真影奉拝、教育勅語奉読、国歌斉唱、明治節には御真影奉拝、教育勅語奉読、国歌斉唱が行われた。「教育ニ関スル勅語」の奉読を吉岡美國名誉院長が担うこ

吉岡美國の書いた教育勅語を入れた箱の校章（新月）が反対になっている

とが多かった。

高等教育機関への御真影と「教育ニ関スル勅語」の下賜は昭和にはいってから（但し公立の小学校ではすでに明治中期頃から始まっていた。当初より個々の学校側からの御真影下賜申請を待って、それを下賜するという形式をとった）。帝国大学、官立高等学校、官立専門学校、高等師範学校などには一九二八（昭和三）年一〇月九日一斉に下付された。文部省は特に私立の高等教育機関に対して下付申請するよう求めた。キリスト教系私立大学の中にはこれに消極的姿勢をとるところもあったので、文部省は重ねて指導した。その結果、一九三五（昭和一〇）年一二月一九日に同志社大学、一九三六（昭和一一）年二月四日に龍谷大学、大谷大学、一〇月二六日に立教大学、早稲田大学、関西大学、高野山大学、大正大学が御真影を下付された。

関西学院には一九三六（昭和一一）年八月二六日付で文部省専門学務局長より御真影奉戴に関して出頭命令があり、ベーツ院長と岸波常蔵庶務主事が出頭した。一九三七（昭和一二）年には、明治大学、法政大学、中央大学、日本大学、専修大学、拓殖大学、立正大学、上智大学とともに関西学院にも下付された。一九三七（昭和一二）年二月三日の関西学院への御真影の下賜については、「午前一一時兵庫県正庁ニ於テ岡田知事閣下司式ノ下ニ奉戴シ全教職員学生生徒門前ニ堵列奉迎シ一二時一〇分奉安所ニ奉安ス」と「関西学院

関西学院大学の「旧院長室」にのこる奉安庫
(2021年12月8日　神戸新聞NEXT)

週報」に記載されている。

『関西学院百年史』資料編Ⅱにおける御真影の奉護の情況については前述したが、『関西学院百年史』通史編Ⅰにおいてはかなり具体的に述べられている。

奉安庫は院長室金庫内（資料編Ⅱにおいては本学総務部とある）に設けられたが、御真影の安全は極めて重視された。万一の紛失や火災による焼失の責任は重大であった。学院で御真影奉護規定を設け、厳重な警護を定めた。それによれば、学長、学部長、予科長が御真影奉護の責任者となり、またこれらの責任者が出張その他の事情があるときは副院長あるいは庶務主事が代行することとされた。これらの責任者は一定の順番を決めて毎日奉安庫を検閲し、異状のないことを確認した。さらに教職員は交替で宿直と休日、祭日の日直当番を決め、奉護の任に就いた。奉戴一日目はベーツ院長が、二日目は堀副院長が宿直を行った。宿直者、日直者は奉護日誌の記載を義務付けられ、異状のないことを報告した。

少し余談であるが、この奉安庫は今から四〇年前の学生運動において、今後は奉安庫を金庫として使用することを文部省に届けていたので、学生は中にお金が入っていると思ってバールでこじあけようとしたが、四重の鉄の奉安庫は開けることができなかった。そのためにこの奉安庫の表面にはバールでこじあけた跡が鮮明に残っている。さらに、ベーツ院長は窓のある図書館（時計塔）の見える方に座っていたが、これは奉安庫にお尻を向けることになりあまりにも不敬であると考え、奉安庫の方に向きを変えたそうである、という話も聞いた。ここにも関西学院の反骨精神を見ることができる。

《龍谷大学》

『龍谷大学三百五十年史』の本文中には奉安殿・奉安庫の記述はどこにも見当たらないが、年表において一九三六（昭和一一）年一月一七日に、前年一二月一七日に申請の「教育ニ関スル勅語」の謄本が文部省より送付され、二月六日に「御真影」が下賜され、奉戴式を挙行した。即ち戦時下の一九四四（昭和一九）年に本願寺においては「王法為本」を旨となす真俗二諦の教義にのっとり、「戦時ニ於ケル教学ノ指導ニ関スル重要項ノ審議並ビニ研究調査ヲ掌ル（戦時教学指導本部職制）」ことを目的とする「戦時教学指導本部」を設置するなど、天皇制と侵略戦争とを支え、戦争協力に向けて積極的な教学・翼賛体制を敷いていた。

従って龍谷大学も真宗学・仏教学の教員を中心に「審議員」「研究員」などとして少なからずこれと関係を持っていた。

一九四五（昭和二〇）年六月一〇日、「御真影」「教育勅語」を大原国民学校奉安所に移管する。一九四五（昭和二〇）年一二月二九日に「御真影」を文部省に返還するとともに、戦争と軍国主義・超国家主義を象徴する物品の処分（その中には戦争関係の図書の抜き出しや学校教練用に蔵されていた「小銃」一八〇、「銃剣」一七〇振、「刀剣」一二振、「軽機関銃」一二丁、「重擲弾筒」一二個が堀川警察所に羽渓学長名で提出）も行われた（本文中には「天皇陛下御真影」「皇后陛下御真影」の文部省への返還が一二月二九日以前になされたとあるが、どちらが正しいのかは不明である）。

従って、戦時下においては龍谷大学がこの侵略戦争ときわめて深いかかわりの中で存在していたことが証明される。このことが推定されるものとしては敗戦当時の文学部に国体思想の教育・研究を主とする「日本思想学科」、一九四三（昭和一八）年には専門部に植民地政策に対応する「興亜科」が設置されていた点である。

但し、龍谷大学のどこに奉安殿・奉安庫が設置されたのかは不明である。

あとがきにかえて

私自身が一九四五（昭和二〇）年、故郷鹿児島において空襲により鹿児島市内より二、三日かけて田舎（鹿児島県市来町美山）に疎開した経験があり、その当時のひもじかったことを、具体的には昼間は米軍の機銃掃射があり、市内より田舎への逃避においては、昼間は橋の下にうずくまり、ごく短い時間に食べ物（芋のツル、野いちご、山の実、川の小魚、川エビなど）を調達したことを思い出します。如何に「平和」が人間にとって最重要であるかを子ども心にいだいたものです。

（現在のウクライナにおける子どもの現状は一緒だと思います。戦争での一番の被害者は子どもです）

大学（関西学院大学）での故恩師三井浩教授のもとでの二年間のゼミ生活及び卒業論文作成の折にこのことをお話しすると、それでは祖国の平和確立のために「教育」を通して一生涯をささげ、チェコスロバキアの祖国解放の父、ユネスコの礎を築いたＪ・Ａ・コメニウス（一五九二―一六七〇）の教育学思想を勉強・研究してはどうかというご教示をいただき、以降六〇年近く、コメニウスの教育学研究に微力ながら力を注いできました。

その後、芦屋大学では芦屋大学学長故福山重一先生及び芦屋大学学長故奥田眞丈先生（元文部審議官、学習指導要領の責任者）のもとで思う存分コメニウス研究に専念できたことは、私の学究生活にとっては何ものにも代えがたいものになりました。この三人の先生のお蔭でこれまでコメニウス教育学の研究を続けてこられたことに心より感謝申し上げたいと思います。

最後になりましたが、この出版を快くお受けいただき、手助けしてくれた文芸社の方々に御礼を申し上げたいと思います。

また、本書を、いつも助けてくれる最愛の伴侶・素子にも捧げます。

貴島正秋

参考文献

『トルストイ』藤沼貴　第三文明社　二〇〇九年
『芸術論・教育論』トルストイ全集17　河出書房新社　一九七三年
『タゴール著作集』第七巻、第九巻、第十巻　第三文明社　一九八一年
『タゴールの学園　―我等のサンチニケタン―』平等通昭　アポロン社　一九七二年
『タゴールの哲学』齋木仙醉　東亜堂書房　一九一五年
『タゴールの人生論』タゴール著・由良哲次譯　内外出版　一九二三年
『石川啄木全集』第二巻、第四巻～第八巻　筑摩書房　一九七八年
『少年少女日本文学館　13　二十四の瞳』壺井栄　講談社　一九八六
『二十四の瞳』壺井栄　新潮社　二〇〇八年
『定本壺井栄児童文学全集』第三巻　講談社　一九七九年
『学制百年史』文部省　一九七二年
『学制百年史　資料編』文部省　一九七二年
『戦時下の絵本と教育勅語』山中恒　子どもの未来社　二〇一七年

著者プロフィール

貴島 正秋（きじま まさあき）

関西学院大学大学院文学研究科教育学専攻　博士課程修了
関西学院大学文学部専任助手
芦屋大学名誉教授
神戸芸術工科大学（教授）（特別教授）
関西学院大学教育研究センター（教育学概論教育原理を定年時まで35年近く講義）
教育学博士
2012年6月　世界新教育学会より「日本WEF小原賞」を受賞する

【主な著書】
『コメニウス教育学―流浪から平和を求めて―』（一の丸出版　1992年）（共著）
『かかわりの教育』（福村出版　1986年）
『現代教育学序説』（学苑社　1974年）
『学校教育概説』（法律文化社　1980年）
『コメニウスの教育思想―迷宮から楽園へ―』（法律文化社　1992年）
『ペスタロッチー・フレーベル事典』（玉川大学出版会　1996年）

文学者による新教育論　トルストイ・タゴール・石川啄木・壺井栄

2024年4月15日　初版第1刷発行

著　者　貴島 正秋
発行者　瓜谷 綱延
発行所　株式会社文芸社
〒160-0022　東京都新宿区新宿1－10－1
電話　03-5369-3060（代表）
03-5369-2299（販売）

印刷所　株式会社フクイン

ISBN978-4-286-25184-4